U0923864

本书编写组成员

（以姓名拼音为序）

段庆林　　李保平　　李　霞　　马　妍

牛学智　　王文化　　徐　哲

2022
宁夏区情报告
（下）

《宁夏区情报告》编写组　编

黄河出版传媒集团
宁夏人民出版社

图书在版编目（CIP）数据

宁夏区情报告. 2022. 下 /《宁夏区情报告》编写组编. -- 银川：宁夏人民出版社，2023. 1
ISBN 978-7-227-07732-9

Ⅰ. ①宁⋯ Ⅱ. ①宁⋯ Ⅲ. ①宁夏 - 概况 -2022
Ⅳ. ① K924. 3

中国国家版本馆 CIP 数据核字（2023）第 027275 号

宁夏区情报告 2022（下） 《宁夏区情报告》编写组 编

责任编辑 管世献
责任校对 陈 晶
封面设计 姚欣迪
责任印制 宋 华

黄河出版传媒集团
宁夏人民出版社 出版发行

出 版 人 薛文斌
地 址 宁夏银川市北京东路 139 号出版大厦（750001）
网 址 http://www.yrpubm.com
网上书店 http://www.hh-book.com
电子信箱 nxrmcbs@126.com
邮购电话 0951-5052104 5052106
经 销 全国新华书店
印刷装订 宁夏银报智能印刷科技有限公司
印刷委托书号 （宁）0025657

开 本 880 mm × 1230 mm 1/16
印 张 6.5
字 数 110 千字
版 次 2023 年 2 月第 1 版
印 次 2023 年 2 月第 1 次印刷
书 号 ISBN 978-7-227-07732-9
定 价 20.00 元

目　录

中国式现代化的宁夏实践研究

——2022—2023年宁夏经济形势分析与预测总报告

段庆林

党的二十大报告提出："从现在起，中国共产党的中心任务就是团结带领全国各族人民全面建成社会主义现代化强国、实现第二个百年奋斗目标，以中国式现代化全面推进中华民族伟大复兴。"回顾新中国成立以来宁夏发生的翻天覆地的变化，总结改革开放以来特别是党的十八大以来的成功经验，我们应该以习近平新时代中国特色社会主义思想为指导，积极落实党的二十大精神和自治区第十三次党代会精神，为建设美丽新宁夏、实现共同富裕而奋斗。

一、中国式现代化建设的历程与特色分析

现代化是18世纪以来人类文明的一种前沿变化和国际竞争，是现代文明的形成、发展、转型和国际互动的前沿过程，是文明要素的创新、选择、传播和退出交替进行的复合过程，是追赶、达到和保持世界先进水平的国际竞争和

作者简介 段庆林，宁夏社会科学院副院长，二级研究员。

国际分化。[①] 现代化一般发生在文明内容、文明形态、国际体系三个层次上。

世界现代化历程，经历了三次浪潮，第一次大浪潮（18 世纪后期到 19 世纪中叶），是自英国工业革命开端，向西欧扩散的早期现代化过程。第二次大浪潮（19 世纪下半叶至 20 世纪初），是工业化向整个欧洲、北美扩散并取得胜利的过程。第三次大浪潮（20 世纪下半叶）是发达工业国家向高工业化升级与欠发达地区的大批国家卷入工业化的过程。[②] 现代化是一种文明转型，第一次现代化是从农业文明向工业文明的转型，第二次现代化是从工业文明向知识文明、物质文明向生态文明的转型。

自晚清以来，我国现代化基本经历了三大阶段。一是晚清时期“师夷长技以制夷”的阶段。鸦片战争后，清政府认识到西方技术的先进，但依然认为西方文化是蛮夷文化，更加注重在技术上学习西方。甲午战争后，提出“中学为体，西学为用”，开始掀起学习日本制度的高潮，导致了辛亥革命和新文化运动。二是辛亥革命后的全盘西化阶段。接受了日本技术和文化合一的思想，开始全盘西化，但各种制度改良基本都以失败告终，十月革命给中国送来了马克思主义。三是遵义会议后开始中国式现代化阶段。坚持马克思主义中国化，强调与中国实际相结合，创立了毛泽东思想。

中华人民共和国成立后，中国共产党大力推进四个现代化。宁夏第一次现代化在改革开放前取得了一定的成绩，1957—1977 年，宁夏工业化率从 7.8% 提高到 44.1%。改革开放后，宁夏工业内部大力实现现代化，突出特征是实现了城镇化。1978—2021 年，宁夏人均 GDP 水平从 370 元提高到 62549 元，工业化率从 43.3% 下降到 37.1%，传统工业比重下降，而高新技术产业和现代服务业比重提升，城镇化率从 17.2% 提高到 66.04%。改革初期虽然也有全盘西化的思潮，但最终中国共产党创立了邓小平理论、“三个代表”重要思想、科学发展观和习近平新时代中国特色社会主义思想。实践证明：中国共产党为什么能，中国特色社会主义为什么好，归根到底是马克思主义行，是中国化时代

① 何传启：《国家现代化的原理与方法——中国现代化报告概要（2001~2021）》，北京大学出版社，2022 年，第 13 页。

② 罗荣渠：《现代化新论——世界与中国的现代化进程（增订本）》，商务印书馆，2004 年，序言第 6 页。

化的马克思主义行。中国共产党坚持把马克思主义基本原理同中国具体实际相结合、同中华优秀传统文化相结合，创立了习近平新时代中国特色社会主义思想，实现了马克思主义中国化新的飞跃。

中国的现代化是在一穷二白、人口众多、工业化基础薄弱等基本国情之上实现的。1954 年，中央提出要实现工业、农业、交通运输业和国防四个现代化的任务，1964 年正式提出把我国建设成为一个具有现代农业、现代工业、现代国防和现代科学技术的社会主义强国宏伟目标。实现共同富裕，是社会主义的本质要求，是中国共产党人的根本价值取向。以毛泽东同志为主要代表的中国共产党人首倡共同富裕，主张通过人民内部平等来推动社会发展，通过实施区域平衡发展战略，把医疗卫生工作的重点放到农村去，城乡居民人均预期寿命大幅度提高，人均预期寿命从新中国成立初期的 35 岁左右增加到 1981 年的 65.77 岁。改革开放以来，1984 年邓小平进一步提出“两步走”战略。到 2021 年，我国已经全面建成小康社会，打赢了脱贫攻坚战，解决了区域性绝对贫困问题。2017 年 10 月，党的十九大作出实施“两个十五年”现代化建设的安排。中国式现代化是以“人”为核心的现代化，也是“以人民为中心”的现代化。以满足人民日益增长的美好生活需要为根本目的，努力增强人民的获得感、幸福感。中国式现代化是全体人民共同富裕的现代化，共同富裕是物质富足和精神富有有机统一的共同富裕。我们要努力走出一条经济繁荣、民族团结、环境优美、人民富裕的具有宁夏特色的现代化之路。

党的十八大把大力推进生态文明建设列入“五位一体”总体布局，树立尊重自然、顺应自然、保护自然的生态文明理念，坚持节约优先、保护优先、自然恢复为主的方针，着力推进绿色发展、循环发展和低碳发展。2015 年 10 月，党的十八届五中全会提出了创新、协调、绿色、开放、共享的新发展理念。2020 年 10 月，党的十九届五中全会通过的《中共中央关于制定国民经济和社会发展第十四个五年规划和二〇三五年远景目标的建议》提出，要加快构建以国内大循环为主体、国内国际双循环相互促进的新发展格局。我国已经进入了全面建设社会主义现代化国家、向第二个百年奋斗目标进军的新发展阶段。党的二十大已经确定了建设中国式现代化的宏伟目标，我们一定要主动融入新发展格局，完整、准确、全面贯彻新发展理念。中国式现代化是走和平发展道路的现代化，与一些国家通过战争、殖民、掠夺等方式实现现代化的老路根本不同，要高举和平、发展、合作、共赢旗帜，努力构建人类命运共同体。

据何传启现代化测评，中国第一次现代化指数从 1950 年的 26.1 上升到 1980 年的 53.9，上升到 2018 年的 100；第二次现代化指数从 1970 年的 21 提升到 2018 年的 45.4，处于世界第 48 位。2018 年，美国等 21 个国家为发达国家，俄罗斯等 20 个国家为中等发达国家，中国等 37 个国家为初等发达国家，肯尼亚等 53 个国家为欠发达国家。中国综合现代化指数从 1980 年的 21.1 上升到 2018 年的 47.6，世界排名从第 103 位提高到第 65 位。

党的二十大报告指出："中国式现代化，是中国共产党领导的社会主义现代化，既有各国现代化的共同特征，更有基于自己国情的中国特色。""中国式现代化是人口规模巨大的现代化，是全体人民共同富裕的现代化，是物质文明和精神文明相协调的现代化。中国式现代化是人与自然和谐共生的现代化，是走和平发展道路的现代化。"

二、党的十八大以来宁夏现代化建设取得辉煌的成绩

党的十八大以来，中国取得了历史性成就。十年来，自治区党委、政府始终坚持发展是解决一切问题的基础和关键，久久为功，各项事业取得显著成就，主要体现在以下几方面。

一是坚持改革开放不动摇，经济发展实现了量的跨越和质的提升。开展宁夏内陆开放型经济试验区建设，努力弥补开放不足这个突出短板，积极融入国内国际双循环格局。2011—2021 年，宁夏地区生产总值从 1931.9 亿元增加到 4522.3 亿元，连续跨过 3 个千亿大关，地区综合实力显著增强。人均 GDP 从 30161 元提高到 62549 元。实施创新驱动发展战略，按照高质量发展要求，积极引进开发现代煤制油技术等高新技术，促进了产业转型升级，建成全国首个国家新能源综合示范区、全国最大的煤制油和煤基烯烃生产基地，新能源、新材料、高端装备制造业等战略性新兴产业长足发展，初步实现了经济增长的动能转换和效率变革。

二是解决了区域性绝对贫困，与全国同步全面建成小康社会。按照《中共

中央 国务院关于打赢脱贫攻坚战的决定》，聚焦“两不愁三保障”，解决了80.3万人的绝对贫困，9个贫困县（区）全部摘帽，闽宁协作成为全国东西部协作典范，全面建成小康社会。十年来宁夏城乡居民人均可支配收入分别增长了1.96倍和2.26倍，贫困地区群众收入更是增长了2.63倍。坚持以人民为中心的发展思想，实施“六大提升行动”，财政支出绝大多数用于民生项目。在全国率先实现基本医疗保险等“四个全覆盖”。实现了社会和谐稳定、百姓安居乐业、民族团结与宗教和顺。目前正在加快建设乡村全面振兴样板区，促进巩固脱贫攻坚成果同乡村振兴有效衔接。

三是坚持生态优先、绿色发展，黄河流域生态保护和高质量发展先行区建设取得显著成绩。十年来，自治区党委、政府大力推进生态文明建设，坚持“绿水青山就是金山银山”的理念，开展山水林田湖草沙综合治理，实施了贺兰山、六盘山、罗山综合治理，黄河“四乱”整治和腾格里沙漠污染、星海湖生态环境问题整改等。积极打赢污染防治攻坚战，构建绿色制造体系，淘汰高污染高耗能项目及设备，提高资源利用效率。美丽宁夏建设取得显著成绩，森林覆盖率从11.9%提高到16.9%。近年来，在黄河流域率先推进“四水四定”方案，出台《宁夏回族自治区建设黄河流域生态保护和高质量发展先行区促进条例》，先行区建设取得显著成绩。

四是加快建设铸牢中华民族共同体意识示范区，推动民族团结工作走在全国前列。民族团结、宗教和顺是宁夏亮丽的名片，十年来，从着力打造全国民族团结进步示范区到加快建设铸牢中华民族共同体意识示范区，宁夏民族、宗教工作走在全国前列。坚持“三个离不开”思想、增强“五个认同”理念，促进各民族交往交流交融，建设互嵌式社区。依法加强宗教事务治理，开展“三化”问题治理，推动宗教中国化，全面构筑中华民族共有精神家园，呈现出民族团结、宗教和顺的良好局面。

五是坚持全面从严治党，严格执行中央八项规定，宁夏党风政风焕然一新。十年来，历经党的群众路线、“三严三实”、“两学一做”、“不忘初心、牢记使命”主题教育和党史学习教育等党内集中教育的思想洗礼，深刻领悟“两个确立”，坚决做到“两个维护”，更加坚定“四个意识”“四个自信”，严格落实中央八项规定，党风廉政建设不断加强，党的先进性、纯洁性更加体现。

三、2022 年度宁夏经济形势分析

自治区第十三次党代会提出了坚持“一个指导”、统筹“两件大事”、加快“三区建设”、紧盯“四新任务”、实施“五大战略”的思路和任务，为全面建设社会主义现代化美丽新宁夏作出了全新的擘画和部署。2022 年上半年，宁夏实现 GDP 增速居全国第一的好成绩，前三季度 GDP 增速居全国第 4 位，这是习近平新时代中国特色社会主义思想的科学指引，是自治区党委、政府弘扬“社会主义是干出来的”实干精神、凝心聚力、全区人民团结奋斗的结果。

一是高标准落实了稳住经济大盘的任务。2022 年以来，宁夏经济保持了较高的增长势头，在全国经济面临严峻挑战之际，自治区党委、政府对宁夏发展提出了更高的标准，坚持大抓发展、抓大发展、抓高质量发展，坚决打好“七大战役”，出台了稳保促“50 条”“25 条”“45 条”和消费恢复“30 条”等一系列政策措施，促进了经济健康稳定发展，着力实现了保市场主体保就业保民生。2022 年 1—9 月，全区地区生产总值同比增长 4.9%，三次产业增加值分别增长 5.3%、7.6% 和 2.6%。农业增加值增长 5.3%，居全国第 1 位。全区 2499 个重大项目开复工率达到 100%，100 个重点项目投资完成率达 114.2%。1—11 月，固定资产投资同比增长 10.3%，居全国第 3 位，其中基础设施投资增长 18.2%，扭转了多年基础设施投资负增长局面。制造业投资增长 33.2%，高新技术投资、工业技改投资大幅度增长，民间工业投资增长 38%。产业转型升级取得积极成效，发展动能加速转换，发展质量效益稳步提升。1—11 月，宁夏高技术投资同比增长 37.2%，规模以上高新技术制造业增加值增长 31.6%，装备制造业增加值增长 25.2%。1—10 月，软件和信息技术服务业营业收入增长 49.5%，规模以上工业企业利润总额增长 4.8%。

二是能源及大宗商品价格上涨带动了经济加快发展。受市场影响，煤炭及资源类原材料等商品价格上涨。2022 年 1—11 月，全区规模以上工业增加值增长 8.0%，居全国第 5 位。其中轻工业增长 14.5%，重工业增长 7.4%，制造业增加值增长超过采矿业和电力等生产和供应业。十大工业行业中，医药、冶金、轻纺、机械、煤炭等行业高速增长。主要工业产品中，风电机组、生铁、化肥、

单晶硅、原药、铝材、乳制品、原煤等增长幅度较大。全区货物进出口总额同比增长39.5%，居全国第4位。其中进口额增长62.6%，出口额增长33.7%。苏氨酸、碳糊电极、毛皮衣服、碳化硅、披巾面纱等实现成倍增长，金属锰、铁合金、活性炭、双氰胺、机床及铸件、枸杞等产品出口形势喜人。高新技术产品、机电产品实现进出口高速增长，民营企业成为进出口主力军，保税物流方式的进出口地位进一步提升。

三是高效统筹了疫情防控和经济社会发展。近年来，新冠肺炎疫情对接触性、聚集性服务消费造成很大影响，2022年以来宁夏是全国防疫形势最好的省区之一。自治区党委、政府始终把保市场主体保就业保民生放在首要位置，妥善统筹好疫情防控和经济社会发展的关系，抢抓疫情好转机遇，积极举办2022中国面食博览会暨第二届吴忠早茶美食文化节、第五届枸杞产业博览会等各类活动，促进消费恢复。2022年1—11月，在下半年疫情严重影响形势下，全区消费品零售总额增长率与上年同期持平，饮料类、烟酒类、书报杂志类、日用品类、通信器材类等商品快速增长。11月末，全区登记市场主体总量增长6.5%，城镇新增就业7.85万人，农村劳动力转移就业82.19万人，就业形势总体平稳。1—9月，宁夏城乡居民人均可支配收入分别增长5.3%和7.3%，增速均高于全国平均水平。

四、高度关注若干发展与安全重大问题

目前，国内外经济形势异常复杂多变，国际上逆全球化趋势及其美西方对中国的围堵遏止，俄乌冲突导致的粮食危机、能源危机，国外量化宽松政策导致的大宗商品通货膨胀，新冠肺炎疫情持续频繁发作，使得统筹发展和安全任务艰巨。党的二十大报告强调“推进国家安全体系和能力现代化，坚决维护国家安全和社会稳定”，自治区第十三次党代会也强调“必须统筹发展和安全”，以大安全保大发展已经成为各界共识，尤其要关注以下重大问题。

（一）后全球化时代的高水平开放与双循环经济

自1970年代信息革命以来，全球化成为世界经济发展的重要趋势，生产要素跨国跨地区流动，国际分工进入以水平分工为主的新阶段，全球化供应链

成为世界经济高速增长的动力。中国在改革开放和加入 WTO 以后，融入现代世界经济体系，创造了中国奇迹。2008 年美欧金融危机后，区域经济一体化兴起，开始出现逆全球化倾向。2017 年美国特朗普政府发动中美贸易战，进入后全球化的大拆解时代，全球化时代的比较优势逻辑和资本逐利逻辑，逐步被安全逻辑和价值逻辑取而代之。2022 年俄乌冲突，更是破坏了西方特别是欧洲对俄罗斯的能源依赖。美国把中国作为优先且唯一的全球性竞争对手，加快降低对中国市场和产业链的依赖，在高科技、高端设备和金融体系方面也逐步与中国脱钩。特别是 8 月出台的美国《芯片科技法案》，对中国科技产业发展造成了很大的隐患，一些外贸型的中国制造工厂，被迫将先进生产线迁移到了东南亚和印度，民间投资增长率和工业增加值增长率显著下降。2020 年，党中央明确提出加快形成以国内大循环为主体、国内国际双循环相互促进的新发展格局。中国长期实行外向型经济战略，成为世界工厂，形成超越内需的巨大产能，在后全球化时代，扩大内需是消化产能的重要方式。2022 年 4 月，中共中央、国务院颁布了《关于加快建设全国统一大市场的意见》；12 月，中共中央、国务院印发了《扩大内需战略规划纲要（2022—2035 年）》。党的二十大提出“推进高水平对外开放”，也是加强建设贸易强国的重要举措。我国具有制造业大国和超大规模市场优势，2022 年，习近平总书记出席了 G20 会议、亚太经合组织第二十九次领导人非正式会议、首届中阿峰会等，积极推进“一带一路”高质量发展。

据 2017 年宁夏投入产出表，在总产出中，宁夏国内省外流出量占 30.3%，国内省外流入量占 71.3%，出口量占 3.3%，进口量占 1.3%，可见，国内省外流出量是出口额的 9.3 倍，国内省外流入量是进口额的 53.1 倍，宁夏货物贸易最主要的地区是国内省区。积极融入以国内市场为主的新格局是宁夏经济发展的主要目标。宁夏出口量最大的行业是化学产品、农林牧渔产品和服务、金属冶炼和压延加工品、纺织服装鞋帽毛皮革羽绒及其制品等。宁夏进口量最大的行业是石油和天然气开采产品、金属矿采选产品、石油炼焦产品等原材料。宁夏流入外省的产品主要是化学产品、金属冶炼和压延加工品、仪器仪表、石油炼焦产品、食品、纺织品、煤炭等。外省流入宁夏的产品主要来自建筑业、批发和零售业、交通运输仓储邮政业等服务业，专用设备、仪器仪表、化学产品等制成品，宁夏对外省产品和服务依赖广泛，且对服务业需求比重逐步提升。2022年，宁夏进出口形势继续恢复至新冠肺炎疫情之前水平，尤其是国际市场价格上涨诱致了出口高速增长。

表1　宁夏历年进出口额变化

年份	进出口总额(亿元)	出口总额(亿元)	进口总额(亿元)	外贸依存度(%)
1978年	0.46	0.34	0.12	3.5
1990年	4.05	3.67	0.39	6.3
2000年	36.67	27.10	9.57	12.4
2006年	114.94	75.37	39.57	16.8
2012年	140.03	103.67	36.35	6.6
2017年	341.29	247.71	93.59	10.7
2018年	249.16	180.48	68.69	7.1
2019年	240.62	148.92	91.70	6.4
2020年	123.17	86.68	36.49	3.1
2021年	214.00	174.81	39.23	4.7
2022年1—11月	236.90	181.40	55.50	

资料来源：《宁夏统计年鉴2021》及相关资料。

（二）后疫情时代的经济复苏及其社会治理

自2019年底至今，全球深受新冠肺炎疫情影响已经三年了，我国新冠肺炎疫情防控及其对经济的影响大致可以划分为三大阶段。

一是2019年12月27日至2020年4月28日武汉保卫战为主的时期。2019年，从发现不明原因肺炎疫情到确定病毒基因序列信息，实行了最严格的防控措施，一个月经济几乎暂时停摆。宁夏经济在2018年时因中美贸易摩擦和国内三期叠加影响，进出口额和固定资产投资大幅度下降。2019年下跌已经出现大幅度收缩的迹象。受新冠肺炎疫情影响，2020年1—2月，宁夏全社会消费品零售额增长率下降18.3%，工业增加值增长率下降3.8%。随后国家坚持统筹疫情防控和经济社会发展，经济进入恢复阶段，其中生产恢复快于消费恢复。到4月底，打赢了武汉保卫战。

二是2020年4月29日至2022年12月7日的全国新冠肺炎疫情防控常态化时期。2020年5月7日，国务院联防联控机制印发《关于做好新冠肺炎疫情常态化防控工作的指导意见》，实行精准防控、外防输入、内防反弹的政策。

从最初毒性大的新型冠状病毒，2020 年 10 月出现德尔塔毒株，到 2021 年 11 月出现的奥密克戎变异毒株，奥密克戎毒性小但传播快。三年来，我国先后出台了九版防控方案和诊疗方案，始终把人民生命安全和身体健康放在第一位，防疫政策赢得了新冠病毒致病力、毒性持续下降，对症药物研发大量推出，全民广泛接种疫苗的三大宝贵窗口期，避免了全国数百万人死亡，实现了以最小的代价取得最好效果的目标。宁夏疫情防控工作成效显著。2020 年，宁夏进出口额下降 48.8%，全社会消费品零售总额下降 7%，GDP 增长率虽然保持了正增长（3.9%），但也是经济受疫情影响最大的一年，消费品零售额全年均在持续下降。2021 年，进出口增长率逐月加快，GDP 及工业增加值增长率已经恢复到了疫情之前的水平。2022 年，预计全年地区生产总值达到 5000 亿元以上，增长 5% 左右，进出口额和工业增加值继续保持较高增长率，固定资产投资增长率也达到了较高水平，唯有疫情对消费市场影响继续增加。

三是 2022 年 12 月 7 日国务院发布疫情防控新十条后的后疫情时期。11 月 11 日，国务院联防联控机制发布了《关于进一步优化新冠肺炎疫情防控措施　科学精准做好防控工作的通知》，二十条措施放松了监测隔离政策。12 月 7 日，发布《关于进一步优化落实新冠肺炎疫情防控措施的通知》，开启了从动态清零到全民免疫的模式转换。12 月 26 日，国家卫生健康委公告将新型冠状病毒肺炎更名为新型冠状病毒感染，将其从“乙类甲管”调整为“乙类乙管”。中央的决策综合考虑了经济发展、社会安定、就业和民生、国际交往等诸多因素，努力寻找各方利益的平衡点，以及放开的最佳契合点。宁夏是三年新冠肺炎疫情防控的模范生，各级政府和群众付出了艰辛的努力，目前宁夏正面临着放开后的疫情反弹，从以防为主转向以医为主模式，出现了一些新情况新挑战。由于新冠病毒变异频繁，未来很可能依然会有多波疫情，甚至与病毒长期共存。不要以为一放开就会形成全体免疫屏障，那些比我们很早就放开的国家，如今依然被新冠疫情反复地侵扰。应该加快推进老年人新冠病毒疫苗接种，保障药物有效供给，积极关注重症率变化，防止出现医疗资源挤兑情况。我们要直面疫情，直至将疫情对经济和社会的影响降到最低，将生产和生活逐步恢复到正常的状态，坚决打赢新冠肺炎疫情防控攻坚战。

表2　宁夏主要经济指标增长情况

单位:%

年份	GDP增长率	工业增加值增长率	全社会消费品零售额增长率	进出口额增长率	全社会固定资产投资增长率
2018年	6.8	8.0	4.8	–27.0	–18.2
2019年	6.5	7.4	5.2	–3.3	–11.1
2020年	3.9	4.2	–7.0	–48.8	4.0
2021年	6.7	7.9	2.6	73.4	2.7
2022年1—11月		8.0	持平	39.5	10.3

资料来源：宁夏历年统计年鉴、统计公报及月报。

（三）经济收缩时期的稳增长、稳就业、稳物价和防范化解重大风险

改革开放以来特别是加入WTO以后，中国经济高速增长形成了扩张性思维，当2008年美西方陷入长期金融危机，中美贸易摩擦乃至国际疫情的冲击，逆全球化思潮兴起；当中国人口自然增长率逐步下降，三期叠加后出现经济新常态，党中央作出我国经济已由高速增长阶段转向高质量发展阶段，提出贯彻新发展理念，构建新发展格局。2022年，中央经济工作会议要求“突出做好稳增长、稳就业、稳物价工作，有效防范化解重大风险”。前些年宁夏中银绒业、宝塔石化等一些知名企业出现资金链断裂等情况，就是没有及时调整扩张性思维的结果。当前宁夏经济虽然逐步恢复，但复苏基础尚不牢固，需求收缩、供给冲击、预期转弱三重压力仍然较大，尤其要注重防范化解重大风险。

一是积极稳住经济大盘。2022年，虽然全国完成了经济实现正增长的目标，但经济增长的基础依然不够稳定，当前经济运行面临一些突出的矛盾和问题，各种不确定因素依然存在。受疫情等影响，宁夏要再接再厉，坚持保增长及“六稳”“六保”不松懈，力争实现最好结果。近年来，全国经济进入新常态，特别是新冠肺炎疫情影响较大，一些行业停产停业甚至个别企业破产倒闭，失业多，就业难，一部分居民收入水平下降，要更加重视民生问题。受疫情等影响，宁夏地方一般公共预算收入从2018年的436.5亿元减少到2020年的419.4亿元，绝大多数市县财政收入减少；2021年财政收入回升至460亿元，2022年1—11月宁夏地方一般预算收入达到426.02亿元，接近2021年水平，增速居全国第6位，但地方政府财政压力依然较大。2022年，中国经济增长速度预计首次低于印度、越南等周边国家，当前经济工作重点是着力稳增长、稳就业和稳物价，保持经济运行在合理区间。

二是人口增长减缓及其老龄化问题。2010—2021 年，宁夏总人口从 630 多万人增加到 725 万人，这是宁夏经济繁荣、宜居宜业的写照。但人口增长减缓，人口自然增长率从 2000 年的 11.92‰下降到 2021 年的 5.53‰。宁夏山区多数县总人口减少，川区个别县区产业衰退导致人口流失。2020 年，宁夏 60 岁及以上老年人口占总人口比重达到 13.53%，已经进入老龄化社会。2022 年，中国的人口自然增长率预计首次出现零增长，表示很可能将失去改革开放以来的人口红利。在人口收缩形势下，中央多次强调要推进超大特大城市瘦身健体，严控中心城市规模无序扩张，严控撤县建市设区等。宁夏要实施积极应对人口老龄化战略，建立生育支持政策体系，积极支持人口合理流动，严控人口收缩地区的盲目扩张及其房地产过度开发。

表 3　宁夏各地区人口变动

单位：人

地 区	2020 年	2010 年	人口变动	地 区	2020 年	2010 年	人口变动
全 区	7202654	6301350	901304	红寺堡区	197604	165016	32588
银川市	2859074	1993088	865986	盐池县	159209	146560	12649
兴庆区	808282	678306	129976	同心县	320801	318153	2648
西夏区	449559	329310	120249	青铜峡市	244309	264717	−20408
金凤区	643952	282554	361398	固原市	1142142	1228156	−86014
永宁县	321618	218260	103358	原州区	471329	411854	59475
贺兰县	341507	222981	118526	西吉县	315827	354321	−38494
灵武市	294156	261677	32479	隆德县	109451	160754	−51303
石嘴山市	751389	725482	25907	泾源县	85023	101026	−16003
大武口区	298292	286669	11623	彭阳县	160512	200201	−39689
惠农区	178891	185803	−6912	中卫市	1067336	1080832	−13496
平罗县	274206	253010	21196	沙坡头区	399796	378606	21190
吴忠市	1382713	1273792	108921	中宁县	334022	312921	21101
利通区	460790	379346	81444	海原县	333518	389305	−55787

资料来源：宁夏人口普查资料。

三是警惕房地产下行风险。宁夏房地产业经历了 2007—2014 年的高投资高销售阶段，又经历了 2015—2019 年房地产固定资产投资负增长及销售额高增长的阶段。随着国内大型房地产企业入驻宁夏市场，宁夏土地出让价格上涨，商品房价格出现补涨行情。2020—2021 年银川市房价涨幅在全国主要城市中位居第一，银川市连续出台“银八条”政策调节房地产市场。2021 年，宁夏新开工面积和竣工面积大幅度增长，而销售不畅。2022 年 1—11 月，宁夏房地产开发投资同比下降 9.5%，商品房销售面积下降 27.8%，特别是受疫情等影响，住宅、商业营业用房和办公楼销售额均大幅度减少。房地产业涉及面广泛，目前房地产需求处于居民购房意愿低谷，一些烂尾楼项目对民生影响较大。

四是预防通货膨胀的影响。近年来，西方国家实行量化宽松政策，新冠肺炎疫情后，开始出现供给不足引发的全球供应链危机。2020 年下半年起，大宗商品价格开始攀升。2022 年 2 月俄乌冲突发生后，更是出现能源、粮食危机。煤炭、天然气价格居高不下，黑色有色金属价格坚挺，农产品价格也出现上涨。国外大宗商品价格暴涨刺激了中国出口快速增长，也引发了国内生产资料价格上涨。2021 年，宁夏居民消费价格比上年上涨 1.4%，而工业生产者出厂价格、工业生产者购进价格分别上涨高达 19.9% 和 20.8%，农产品生产者价格上涨 6.5%。2022 年 1—11 月，宁夏居民消费价格同比上涨 1.6%，宁夏工业生产者购进价格、工业生产者出厂价格分别同比上涨 19%、12.2%，涨幅分别位于全国第 2 位和第 5 位，工业出厂价格涨幅低于工业购进价格涨幅，生产资料价格暴涨将挤压下游中小微企业的利润空间。特别是在保障粮食安全的要求下，宁夏增加了粮食种植，但随着种子、农药、化肥等农业生产资料价格大幅度上涨，出现农产品销售、储藏困难等问题。宁夏要进一步稳定通胀预期，维持物价稳定，防止“滞涨”风险。

五、宁夏推进中国式现代化建设的政策建议

2023 年，国内外经济形势不确定因素增加，但经济大概率将走出新冠肺炎疫情三年来的影响。中央要求从战略全局出发，从改善社会心理预期、提振发展信心入手，纲举目张地做好经济工作。近日，自治区党委、政府召开会议，学习贯彻中央经济工作会议精神，要求把思想统一到党中央决策部署上来。宁夏经济将坚持稳中求进工作总基调，优化五大政策组合，把握好“六个更好统筹”，抓好五个方面重点工作，持续用力大抓发展、抓大发展、抓高质量发展，为全面建设社会主义现代化国家作出宁夏贡献。

（一）把思想和行动统一到中央对经济形势的分析判断和决策部署上来

一是坚持以经济建设为中心。认真落实党的二十大精神和自治区第十三次党代会精神，认真落实疫情要防住、经济要稳住、发展要安全的要求。发展是党执政兴国的第一要务，必须坚持社会主义市场经济改革方向，充分发挥市场在资源配置中的决定性作用，更好发挥政府作用。市场是资源配置最有效的手段，社会主义市场经济是一个伟大创造，即使在大数据时代，也难以重走计划经济老路。高质量发展是全面建设社会主义现代化的首要任务，实现质的有效提升和量的合理增长，是高质量发展最基本的要求。必须完整、准确、全面贯彻新发展理念。

新发展理念是一个整体，必须坚持系统观念，做好“六个更好统筹”，抓住主要矛盾和矛盾的主要方面，坚持以人民为中心，以新发展理念指导引领全面深化改革开放。针对当前经济形势，必须继续实施积极的财政政策和稳健的货币政策。积极的财政政策要加力提效，稳健的货币政策要精准有力，产业政策要发展和安全并举，科技政策要聚焦自立自强，社会政策要兜牢民生底线。宁夏要积极融入新发展格局，以中国式现代化为引领加快美丽新宁夏建设。

二是切实落实“两个毫不动摇”。针对社会上对是否坚持“两个毫不动摇”的不正确议论，中央经济工作会议作出了明确的表态。近年来，民营经济受到市场竞争、新冠肺炎疫情和环保治理政策的影响，出现了一些问题，也出现了“私营经济离场论”等杂音。2022 年 1—11 月，全国固定资产投资同比增长 5.3%，其中民间投资仅增长 1.1%，主要还是消费品生产受到疫情等影响；宁夏固定资产投资同比增长 10.3%，其中民间投资增长 12.3%，尤其是民间工业投资增长高达 38%，宁夏民间投资并没有受到过多负面的影响。中央强调：“要从制度和法律上把对国企民企平等对待的要求落下来，从政策和舆论上鼓励支持民营经济和民营企业发展壮大。依法保护民营企业产权和企业家权益。”这为民营经济发展提供了制度保证。

三是激发全社会干事创业的活力。2018 年，中共中央办公厅印发了《关于进一步激励广大干部新时代新担当新作为的意见》，提出树立正确用人导向，建立健全容错纠错机制，充分调动和激发干部队伍的积极性、主动性、创造性。

2022年12月6日，中共中央政治局会议强调“要坚持真抓实干，激发全社会干事创业活力，让干部敢为、地方敢闯、企业敢干、群众敢首创”。要以“百米赛”的冲劲、“马拉松”的韧劲、“跳起来摘桃子”抢抓机遇的精神，落实真抓实干的要求。解放思想、勇于创新，是我党特别是改革开放以来重要的精神品质，鼓励各级干部群众敢想敢干，提倡首创精神，将为新时代经济工作带来巨大活力。

（二）着力实施扩大内需战略

中央经济工作会议强调“要更好统筹供给侧结构性改革和扩大内需”，从以坚持供给侧结构性改革为主线，到更好统筹供给侧结构性改革和实施扩大内需战略，更加强调既通过高质量供给创造有效需求，又支持以多种方式和渠道扩大内需。

一是把恢复和扩大消费摆在优先位置。目前宁夏经济主要问题是市场和消费还远远没有恢复到新冠肺炎疫情之前的水平。新冠肺炎疫情对中小微企业和旅游业、航空业、电影业等服务类消费类市场主体影响很大。商品零售额中，服装鞋帽针纺织类、化妆品类、日用品类、文化办公用品类、汽车类等商品销售额下降。希望通过放开快速闯过自然免疫的大关，努力减轻对微观主体的影响，努力增加就业和收入。宁夏经济以国内市场为主，要积极落实《扩大内需战略规划纲要（2022—2035年）》政策，培育完整内需体系，充分发挥国内超大规模市场优势，强化产业配套能力，积极融入国内经济循环。继续深化收入分配改革，多渠道增加城乡居民收入，提高中等收入群体比重，开展“消费需求促进年”活动，发放消费券，加强城乡低收入人群生活保障，支持住房改善、新能源汽车、养老服务等消费，增强消费对经济发展的基础性作用。

二是坚持扩大有效投资，进一步增强市场主体信心。近期中央政策强调坚持稳中求进工作总基调，在扩大需求上积极作为，支持地方政府用足用好专项债务限额，用好基础设施建设投资基金。在经济紧缩时期，要保持财政和货币政策的相对稳定，保持流动性合理充裕，实施跨周期和逆周期宏观调控政策，努力增加政府投资在市场中的中流砥柱作用，增强民营企业市场信心。一定的经济增长速度，是建设美丽新宁夏，缩小地区差距，与全国同步实现现代化的内在要求，也是实现共同富裕的物质基础。保市场主体，就是稳增长，也是稳就业。加大制造业投资支持力度，充分发挥投资对优化供给结构的关键作用。充分发挥政府作用，一方面要增加政府基础设施投资，积极争取黑山峡水利枢纽工程、银太高铁等国家重大项目上马。自 2018 年以来，宁夏长期基础设施投资处于负增长态势。2022 年 1—11 月，宁夏基础设施投资增长 18.2%，全区基础设施投资开始高速增长，未来可能进入基础设施投资增速高于 GDP 增速的新阶段，要积极拓展 5G、大数据中心、人工智能、工业互联网、特高压、新能源汽车充电桩、城市轨道交通等新基建投资空间，弥补传统基建的欠账，加快银川至包头高铁建设，努力争取黑山峡水利枢纽工程、银川至太原高铁等项目上马建设。要高度重视行政事业单位及公共设施的危房改造更新。另一方面也要完善社会保障体系，实施好“六大提升行动”，要积极关注生态移民和城市困难群体的生活，加强政策兜底力度。

三是积极推进高水平对外开放。中国越来越成为世界重要的消费市场，国内市场对国际经济影响力逐步提升。宁夏应该继续巩固“一带一路”和欧美日韩等传统市场，充分利用中阿峰会机遇开辟中东阿拉伯国家市场，积极扩大先进技术、重要设备、能源资源等产品进口。

（三）加快建设现代化产业体系

一是狠抓传统产业改造升级和战略性新兴产业培育壮大。宁夏要把发展经济的着力点放在实体经济上，加快发展“六新六特六优”产业，加快传统产业改造升级，培育壮大战略性新兴产业，构建现代化经济体系，推动制造业高端化、智能化、绿色化发展。

实施产业振兴战略，加快产业转型升级。宁夏传统产业依然占据较大比重，要高度重视传统产业，加快改造传统产业。宁夏传统产业改造升级的空间依然很大，要深入实施新型工业强区计划，高度重视利用先进技术提高传统产业的生产效率，利用更高端的工艺和工程技术提高产品的质量和价值，利用国内超大规模市场需求培育本土自主品牌。加快新型材料、清洁能源、装备制造、数字信息、现代化工、轻工纺织“六新”产业发展，注重产业链、供应链、价值链的整合和升级，通过龙头企业来促进全产业链的资金、人才、技术、渠道、品牌等生产要素的协同发展，从提高效率上要效益。应该积极培育“专精特新”

企业，把培育全区全国全球“隐形冠军”企业作为提高市场竞争力的关键。要积极支持优势企业“走出去”，掌握海内外产业链主导权。还应该积极支持石嘴山老工业基地转型升级，坚持工业强市不动摇，加快灵武等地羊绒工业和生态纺织业的重组与振兴。加快构建绿色制造体系，以信息技术、环保技术再造宁夏工业新优势。

实施创新驱动发展战略，实现中国式现代化动力变革。围绕主导产业科技攻关。突出“四个面向”战略导向，围绕产业链布局创新链，实施创新主体培育工程，加快建设全国东西部科技合作引领区，加大科技成果转化应用。推动“科技—产业—金融”良性循环。整合产学研用等各方面资源，构建融通创新循环生态，拓宽科技创新企业融资渠道，形成协同发展格局。积极发展战略性新兴产业。加快新能源、人工智能、生物制造、绿色低碳、量子计算等技术研发和应用推广。深入实施数字赋能计划，大力发展数字经济，建成国家“东数西算”示范等“三大基地”。在建成风电光伏、锂电池产业等一批特色优势产业链基础上，抢占储能、氢能源产业机遇，尽早融入新能源汽车产业链。大力建设国家第一条以开发沙漠光伏大基地、输送新能源为主的特高压输电通道——“宁电入湘”工程及其配套项目，开展“新能源＋储能”示范应用，建设国家级新能源综合示范区。形成光伏材料、化工新材料、锂电子电池材料、高性能金属材料、精细化工材料 5 个新材料产业集聚区，促进化工新材料与轻纺产业链的融合发展。重点推进高端工业母机、清洁能源装备、智能矿山装备、现代农业装备、智能绿色铸造、智能仪器仪表、电工电气、高端环保装备、关键零部件等高端装备制造业。

二是保持产业链供应链安全的三大重点。逆全球化使国际经济的比较优势逻辑逐步向安全逻辑转换，疫情加速了全球产业链调整。中央提出产业政策要发展和安全并举，未来提高产业链的稳定性、安全性和竞争力，宁夏应该关注三大重点。一个重点是紧紧围绕制造业重点产业链，找准关键核心技术和零部件薄弱环节，聚焦“卡脖子”技术，实施重大技术装备攻关工程，确保产业链安全。宁夏在国内国际产业分工中处于较低层次，依赖于能源消耗、劳动密集等环节，要积极强化产业链招商，做好产业链延链补链工作。另一个重点是加强重要能源、矿产资源区内勘探开发和增储上产，建立信任关系，保持金属矿及矿砂、机电、多晶硅等主要进口商品供应链安全，做好外省区煤炭、天然气等大宗商品输入供应工作。积极开发盐池两大千亿方级大气田，优化宁夏能源消费结构。第三大重点是聚焦宁东能源化工基地和全区各市县工业园区，积极融入新发展格局。宁东能源化工基地在全国化工园区综合评价中位居第 5 名，工业总产值占全区的 30%，煤制油也是将富集的煤炭资源转换为石油稀缺资源的重要战备技术。宁东能源化工基地积极建设产业集聚、产城融合示范区，打造煤制油、煤基烯烃、煤制乙二醇、精细化工、高性能纤维及可降解塑料、锂离子电池材料、电子材料和专用化学品、清洁能源、绿色环保等九大细分产业链体系。

三是着力保市场主体。积极落实退税减税降费政策，把减税降费作为助企纾困的“重头戏”。实施阶段性电价支持政策。加大对重点投资项目的长期融资支持，开展防范和化解拖欠中小企业账款专项行动，帮助市场主体纾困解难。

（四）加快融入新发展格局

一是构建双循环产业基础。中央经济工作会议要求更大力度吸引和利用外资，宁夏应该努力推进高水平对外开放，更加注重对内开放，充分发挥国内超大规模市场优势，逐步形成以国内大循环为主体、国内国际双循环相互促进的新发展格局。为了保持中国制造业大国优势，避免陷入中等收入陷阱，应该充分发挥我国经济回旋余地大的优势，保护中国经济韧性，加强中西部地区招商引资工作，把承接产业转移作为重要手段，形成大国雁阵模式。宁夏作为劳动力资源并不富集的地区，应该充分发挥资源能源丰富、气候条件独特、产业特色鲜明等综合优势，面向东部沿海地区，积极通过承接产业转移，加快纺织业、化工业、食品加工业等产业升级。宁夏加工贸易和来料加工曾经一度有较快发展，但 2020 年受疫情和航空业影响，开始大幅度减少，至今未能恢复。宁夏应该继续加强国内外互联互通，畅通国内国外物流堵点。努力使用工业机器人替代，对冲劳动力成本的上升。充分利用国际国内两种资源两个市场，培育发展壮大新市场主体，在西部大开发新格局中展现宁夏力量。

二是充分发挥宁夏沿黄城市群的引领作用。建立中心城市带动都市圈、都市圈引领城市群、城市群支撑区域协调发展的空间动力机制。要建立基于加快产业转型升级、产业集聚集群、产城融合的城乡发展新格局。银川市作为宁夏首府城市，要加快先行区示范市建设，着力创新发展引领市建设，聚焦“三新”产业，打造世界葡萄酒之都、中国新硅都、新型储能电池制造基地、智能终端材料和半导体材料生产基地等“两都五基地”。石嘴山市坚持工业强市战略，中卫市强化大数据产业中心、文化旅游、交通枢纽优势，提高吴忠市轻工业城市及美食文化城市的地位，加强固原市生态文旅特色市和历史文化名城建设，建设宁东产业集聚产城融合示范区，加快产业转型升级。

三是进一步优化营商环境。继续深化“放管服”改革，尊重市场规律，深化简政放权，营造市场化、法治化、国际化一流营商环境。构建亲清政商关系，全力打造西部最具吸引力竞争力的投资目的地。2023 年，应该是大疫之后的休养生息之年、补短板之年、放开搞活之年。

（五）有效防范化解重大经济金融风险

一是确保房地产市场平稳发展。房地产是国民经济的支柱产业，中央经济工作会议把确保房地产市场平稳发展作为防范化解重大经济金融风险的首要问题，强调在坚持“房住不炒”的定位下，推动房地产业向新发展模式平稳过渡。稳定房地产市场，重点防风险和保交楼，做好保交楼、保民生、保稳定各项工作。因城施策，支持刚性和改善性住房需求，努力增强市场预期，以稳住经济大盘。应把防范房地产业系统风险作为近期重要目标，要防止开发商资金链断裂，有效防范化解优质头部房企风险，以稳房价为目标控制好房地产开发节奏，以城市更新为抓手引导房地产业转型升级。

二是保障粮食和能源安全。农业、农村、农民依然是我国发展和安全的关键，农业稳则经济稳，农村安则天下安。在全球粮食市场并不乐观形势下，保障粮食和重要农产品稳定安全供给始终是头等大事。2022 年，宁夏粮食产量实现“十九连丰”，前三季度，全区农林牧渔业总产值 548.92 亿元，同比增长 5.9%，呈现出农林牧渔业全面发展良好形势。应该继续积极落实全国农村工作会议精神，加快农业强区建设，构建现代农业产业体系，依靠科技和改革双轮驱动，加快推进农业和农村现代化。应该充分发挥河套平原粮食生产优势，保障粮食等初级产品供给，大力发展葡萄酒、枸杞、牛奶、肉牛、滩羊、冷凉蔬菜“六特”产业，加快建设乡村全面振兴样板区，防止出现规模性返贫，继续推进以人为核心的新型城镇化。我国和宁夏的资源禀赋都是以煤炭为主，宁夏实现碳达峰碳中和目标任重道远，要努力增加供给，提高宁电外送能力。

三是防范化解金融风险。2023 年，外部环境动荡不安，各种不确定因素增加，要守住不发生系统性风险的底线，防止形成区域性、系统性金融风险，防范化解地方政府债务风险，实现高质量发展和高水平安全良性互动。

展望 2023 年，全球经济将开始新一轮衰退，中国经济运行有望总体回升。走出三年大疫大灾的迷雾，当务之急是把发展作为首要任务，全力拼经济，宁夏经济增速应该稳定在全国平均水平以上。我们一定要贯彻落实党的二十大精神和自治区第十三次党代会精神，完整、准确、全面贯彻新发展理念，坚持以推动高质量发展为主题，积极融入新发展格局。按照中央和自治区经济工作会议部署，打好稳增长的财政、货币、产业、科技、社会等政策组合拳，以系统观念处理好“六个更好统筹”关系，实现经济质的有效提升和量的合理增长。推动黄河流域生态保护和高质量发展先行区建设迈上新台阶、乡村全面振兴样板区建设取得新突破、铸牢中华民族共同体意识示范区建设创造新经验，奋力谱写建设社会主义现代化美丽新宁夏壮丽篇章。

参考文献

1. 习近平. 高举中国特色社会主义伟大旗帜，为全面建设社会主义现代化国家而团结奋斗——在中国共产党第二十次全国代表大会上的报告［M］. 人民出版社，2022.

2. 新华社. 中央经济工作会议在北京举行［EB/OL］. 2022-12-17.

3. 中国共产党宁夏回族自治区第十三次代表大会报告辅导读本［G］. 内部资料，2022.

4. 中国共产党宁夏回族自治区第十三届委员会第三次全体会议公报［EB/OL］. 宁夏广电新闻中心，2022-12-26.

5. 罗荣渠. 现代化新论——世界与中国的现代化进程（增订本）［M］. 商务印书馆，2004.

6. 何传启. 国家现代化的原理与方法——中国现代化报告概要（2001~2021）［M］. 北京大学出版社，2022.

7. 卓贤. 全球产业链供应链调整新逻辑和中国新机遇［EB/OL］. 澎湃新闻，

2022-12-23.

8.韩保江，李志斌. 中国式现代化：特征、挑战与路径［J］. 管理世界，2022（11）.

9.国家统计局国民经济核算司. 中国地区投入产出表2017［M］. 中国统计出版社，2020.

2022年宁夏社会形势与2023年社会发展展望

李保平　　马　妍

2022年，大事多，喜事也多。中国共产党第二十次全国代表大会胜利召开，为未来我国发展指明了方向。2022年，也是宁夏发展史上极其特殊的一年，自治区第十三次党代会擘画了未来五年宁夏发展的蓝图。与此同时，面对复杂严峻的国内外发展环境以及多点散发的疫情影响，在自治区党委、政府的坚强领导下，全区上下坚持以习近平新时代中国特色社会主义思想为指导，深入学习贯彻党的二十大精神和习近平总书记视察宁夏重要讲话和重要指示批示精神，全面贯彻新发展理念，认真落实自治区第十三次党代会确定的经济发展与社会稳定要求，扎实推动黄河流域生态保护和高质量发展先行区建设，统筹推进抗疫情、稳增长、惠民生等各项工作，有效实施"稳保促"一揽子政策措施，实现经济发展稳中提质、民生服务保障有力、社会发展全面进步、高质量发展态势持续，社会主义现代化美丽新宁夏建设开局良好，推进宁夏社会建设迈向更高发展阶段。

作者简介　李保平，宁夏社会科学院社会学法学研究所研究员；马妍，宁夏社会科学院社会学法学研究所助理研究员。

一、2022 年宁夏社会发展总体形势和主要成就

2022 年，宁夏各级党委、政府坚持人民至上理念，以实现基本公共服务均等化为目标，以为群众创造公平发展机会为导向，切实增强社会民生政策的公平性和普惠性，推动人财物重点向农村、基础薄弱地区、弱势群体倾斜，努力缩小区域、城乡、群体之间的发展差距，社会事业、社会保障和社会治理稳步有序发展、取得新的成绩。

（一）坚持民有所呼我有所应，社会保障水平全面提升①

1. 城乡就业形势总体稳定

2022 年，面对严峻的就业形势，宁夏扎实推动就业优先战略，积极发展丰富多样的就业政策，多措并举解决高校毕业生、农民工和其他就业困难群体的就业，并全力维护劳动者的合法权益，劳动关系保持总体和谐稳定。截至 9 月末，全区城镇新增就业 7.55 万人，完成全年目标任务的 100.6%，农村劳动力转移就业 82.11 万人，完成全年目标任务的 109.5%。各级工会组织积极引导各类企业自觉履行新时代构建中国特色和谐劳动关系的责任，弘扬人文关怀，传递社会温暖，注重管理民主，通过产业带动、技术培训等一系列方式提高职工素质，实现了企业和职工互利共赢、共谋发展。人社、住建等部门组织开展集中整治拖欠农民工工资问题冬季攻坚行动，在全区范围组织开展集中排查、集中处置、集中督导、集中整改，实现“两清零、两确保”攻坚目标，持续巩固根治欠薪工作成果。

2. 居民收入持续稳定增长

2022 年，宁夏牢固树立“大抓发展，抓大发展，抓高质量发展”的理念，抢抓中央支持建设黄河流域生态保护和高质量发展先行区的重大政策机遇，积极推进特色产业招商、重大项目建设、市场培育壮大，为富民增收提供源头活水。同时，精准发放教育、就业、医疗、农业等各项惠民补贴，深入推进“四权”改革，完善利益联结机制，盘活农村资源资产，千方百计带动群众增收致富。据宁夏调查总队统计，2022 年前三季度，宁夏全体居民人均可支配收入 20671 元，同

① 本部分数据除特别注明外均来源于宁夏回族自治区统计局官网。

比增长 6.4%，比上半年加快 1.0 个百分点，城乡居民收入比由上年同期的 2.80 缩小为 2.75。其中，城镇常住居民人均可支配收入 28953 元，同比增长 5.3%，比上半年加快 1.1 个百分点；农村常住居民人均可支配收入 10523 元，同比增长 7.3%，比上半年加快 0.4 个百分点。

3. 社会保险兜底作用显著

2022 年，自治区人社部门持续优化政务服务事项便民措施，推动线上线下服务有机融合，将风险低，群众办事频率较多、较高的事项进行调整纳入乡镇（街道办）办理，打造城区步行 15 分钟、乡村辐射 5 公里的人社便民服务圈。大力实施全民参保计划，重视农民工、灵活就业人员和新业态从业者等就业群体的参保工作。从 2012 年至 2022 年 10 月底的 10 年间，全区基本养老保险由 130.23 万人增加至 506.46 万人，工伤保险由 63.88 万人增加至 145.77 万人，失业保险参保人数由 70.17 万人增加至 115.56 万人。[①] 制定宁夏个人养老金政策，将自治区本级和银川市纳入全国试点，探索推进个人养老金制度。建立健全社会保险与经济发展相适应的调整机制，宁夏全区企业职工月人均养老金从 1785 元增长到 3533 元，城乡居民月人均养老金从 85 元增长到 244 元，失业保险金平均水平从 695.25 元提高到 1662 元，[②] 工伤保险待遇水平稳步提升，社会保险覆盖面进一步扩大，实现了从制度全覆盖向人群全覆盖大踏步迈进。率先建立完善“全区集中统一，数据全程在线，传输实时加密，跨行实名发放，网银秒级到账”的养老待遇“秒发”新模式，基本实现了发放资金的“零差错”，得到人社部、财政部的充分肯定。积极实施阶段性缓缴三项社保费政策，对受疫情影响严重地区困难行业范围的困难企业和以单位方式参保的个体工商户实行缓缴政策，并加大稳岗返还支持力度，对符合条件的企业及其职工上年度实际缴纳失业保险费的 50% 返还，中小微企业按 90% 返还。2022 年 1—10 月，为企业降低社保缴费基数和缴费比例 54.46 亿元、缓缴社保费 2.79 亿元，惠及企业 5 万多家。

① 马照刚：《织密织牢社会保障网　让群众幸福生活更美好》，《宁夏日报》，2022 年 12 月 2 日第 5 版。

② 马照刚：《织密织牢社会保障网　让群众幸福生活更美好》，《宁夏日报》，2022 年 12 月 2 日第 5 版。

（二）坚持公平公正均衡普惠，社会事业发展更加协调[①]

1. 教育发展更加优质均衡

基础教育质量得到显著提升，新建改建幼儿园 29 所 10.7 万平方米，新增幼儿学位 9700 多个；新建改建义务教育学校 182 所 27 万多平方米，3 所农村学校入选全国第四批“乡村温馨校园”，培育自治区级多样化发展试点普通高中 10 所。加快推进特殊教育拓展融合发展，自治区教育部门制订《“十四五”特殊教育发展提升行动计划实施方案》，“一人一案”提高残疾儿童少年义务教育普及水平，加快发展面向残疾学生的高中阶段教育，推动特殊教育向两端拓展延伸。推进高等教育内涵发展，全区高校科技研发经费投入达到 6 亿元，宁夏大学西部一流大学和自治区 10 个国内一流学科、10 个西部一流学科二期建设有序推进，新增生态学、环境科学与工程等 14 个自治区紧缺领域空白专业，获批宁夏大学电子信息工程等 141 个国家和自治区级一流本科专业建设点，布局建设葡萄与葡萄酒、枸杞、智能制造等现代产业学院 9 个，全区研究生、优质本科、专升本招生计划同比增长 4.5%、300%、40.3%。加强和改进学校思想政治工作，自治区有关部门共建学校思想政治理论课实践研修基地 19 个，省级领导坚持到高校上讲台讲思政课，联合武汉大学、山东大学开展跨省集体备课，形成了“大思政课”格局。“互联网 + 教育”示范区取得新成绩，宁夏被批准为第二批国家智慧教育平台整省（区）试点，全区各级教育行政部门和 3442 所学校实现教育专网高速互联互通，培育智慧校园标杆学校 198 所，打造数字孪生学校 1100 多所，开展网络教学，在线辅导老师增加到 3000 多名，极大地满足了学生各类学习需求。通过健全完善岗位管理、公开招聘、竞聘上岗、职称评审、工资激励 5 项制度，全面推进中小学教师“县管校聘”改革，推动用人新机制并激发教师队伍活力，均衡配置优质教师资源。全面规范校外培训行为，学科类培训机构压减率达到 96%，智慧监管实现“5 个 100%”，得到国务院教育督导委员会和教育部通报表扬。

2. 健康宁夏建设扎实推进

2022 年，宁夏坚持把人民健康放在优先发展战略地位，树立“大健康”理

① 本部分数据参考本书其他篇目或来源于自治区教育厅、民政厅和卫健委官网。

念，以普及健康生活、优化健康服务、完善健康保障、建设健康环境、发展健康产业为重点，加快推进健康宁夏建设，努力全方位、全周期保障人民健康。全区现有医疗卫生机构 4571 个，包括医院 213 家（公立医院 66 家，民营医院 147 家），基层医疗卫生机构 4242 个，专业公共卫生机构 95 个，其他卫生机构 21 个，其中二级以上医院达到 105 家；医疗卫生机构实有床位增加到 41191 张，卫生技术人员达到 60598 人，每千人口医疗卫生机构实有床位数、拥有卫生技术人员数均高于全国平均水平。聚焦提升医疗水平、防控重大疾病、提高保障能力，大力推进全民健康水平提升行动。自治区政府与北京大学第一医院签署合作共建国家妇儿区域医疗中心协议，合作共建国家妇儿区域医疗中心；县（区）域综合医改试点全面推开，“互联网＋医疗健康”示范区建设有序推进，自治区西医类、中医类服务能力位居西北五省区前列，三级公立医院医疗质量和满意度高于全国平均值。建立巩固健康扶贫成果有效衔接乡村振兴长效机制，脱贫地区继续落实 37 种大病患者在定点医院集中救治政策，确保群众基本医疗有保障。全区建设健康“细胞”示范点 498 个，实现了国家卫生城市全覆盖，居民健康素养水平达 24.16%，人均期望寿命 76.6 岁，已接近全国平均水平。

3.“一老一小”服务得到加强

“一老一小”是每户家庭的重要组成部分，幼有所育、老有所养是社会主要劳动力的殷切期盼，也是实现共同富裕的应有之义。宁夏高度重视和关注“一老一小”问题，将其摆到贯彻积极应对人口老龄化国家战略、建设社会主义现代化美丽新宁夏的重要位置。自治区第十三次党代会提出，要积极应对人口老龄化，完善三孩生育政策配套措施，更加关注“一老一小”群体，并把健康养老产业列为重点发展的“六优六特六新”产业之一，实行省级领导包抓机制，全力推动养老服务体系建设、医养结合事业和康养产业发展。2022 年 5 月，自治区政府审定印发《关于促进养老托育服务健康发展的实施方案》，从科学统筹规划布局、拓展养老托育服务等方面提出了 17 条改革创新具体措施，勾画了“到 2025 年基本建成功能完善、规模适度、覆盖城乡的养老托育服务体系，向社会提供安全规范、优质多样的养老托育服务”的美好蓝图。2022 年 7 月，自治区党委、政府印发《关于优化生育政策促进人口长期均衡发展的实施意见》，有效衔接新修订的《宁夏回族自治区人口与计划生育条例》，为宁夏实施三孩生育政策及完善配套措施提供了政策支持和保障。目前，自治区有关部门和各市县积极争取国家有关项目、资金和政策，银川市、石嘴山市等地制订了“一老一小”整体解决方案，青铜峡市、盐池县入选61个国家积极应对人口老龄化重点联系城市，围绕“补短板，强弱项，提质量”方向积极探索，努力改善养老、托育服务基础设施条件，推动设施规范化、标准化建设，增强兜底保障能力，增加普惠性服务供给，进一步提升全区养老托育服务水平。

4. 科技创新生态注入强大动力

2022年，宁夏深入实施创新驱动发展战略，持续加大科技投入。自治区第十三次党代会将创新驱动发展战略作为驱动现代化美丽新宁夏建设的“五大战略”之首，提出要实施创新力量厚植、创新主体培育、创新协同联动和创新生态涵养“四大工程”，全力打造区域有影响力的科技创新高地，同时科技部批复支持高水平建设全国东西部科技合作引领区，为宁夏科技创新注入强大动力。自治区党委、政府印发《关于实施科技强区行动提升区域创新能力的若干意见》，提出继续实施奖补政策，并将国家高新技术企业后补助比例提高到20%，通过综合运用税收减免、研发费用加计扣除、新产品优先政府采购、引才引智、降低生产要素成本等多项措施，全力为企业创新保驾护航。自治区有关部门和各市县坚持科技创新与科技服务“双轮”驱动，聚焦“六新六特六优”产业需求，以“西部所需”对接“东部所能”，积极搭建一批科技“双创”载体，支持重点园区、重点企业、高校、科研机构建设众创空间、星创天地和科技企业孵化器，为科技成果转化搭建起更大舞台，2022年获批国家高新技术企业131家，再创历史新高，使科技创新成为推动各项事业发展的“第一动力”。

（三）坚持统筹并进、分类施策，城乡面貌展现良好形象

1. 新型城镇化全面提质增效

“截至2021年底，全区常住人口城镇化率已达到66.04%，高于全国平均水平1.32个百分点左右，排名西北五省区第二位、沿黄九省区第三位，宁夏已进入城镇化中后期。”[①] 自治区第十三次党代会作出宁夏正处于“城镇化集约提质”新发展阶段的重要判断，2022年以来，宁夏全区坚持把城镇化工作放在

---

① 乔素华：《宁夏城镇化率高于全国平均水平》，《宁夏日报》，2022年7月28日第5版。

更加突出位置，继续推动以城市群为主体、大中小城市和小城镇协调发展、以人为核心的新型城镇化，农业转移人口市民化稳步推进，城镇化空间布局持续优化，“一主一带一副”城镇发展格局基本形成，城市基础设施条件和可持续发展能力持续增强，城乡融合发展体制机制和政策体系基本确立，为加快建设美丽新宁夏提供了强大动力和坚实支撑。“前三季度，城乡居民收入比降至2.75，与全国平均水平基本一致；预计到 2022 年底，全区常住人口城镇化率将提高到 67%。”[①]沿黄城市群和固原副中心城市人口承载力、内需带动力、发展竞争力进一步增强，成为引领全区经济社会高质量发展的重要引擎。

2. 乡村振兴全面有序推进

自治区第十三次党代会提出：“全面建设社会主义现代化美丽新宁夏，要把乡村建设摆在重要位置，扎实推动巩固拓展脱贫攻坚成果同乡村振兴有效衔接，加快建设乡村全面振兴样板区，实现农业强、农村美、农民富，绘就塞上‘富春山居图’。”自治区党委、政府认真落实 2022 年中央“一号文件”精神，及时印发《关于做好 2022 年全面推进乡村振兴重点工作的实施意见》，各市县紧盯建设乡村全面振兴样板区目标，集中力量实施乡村建设行动，大力发展葡萄酒、枸杞、牛奶、肉牛、滩羊、冷凉蔬菜六个特色产业，加快推进“四权”改革，统筹做好乡村发展、乡村建设、乡村治理重点工作，推动乡村振兴取得了新进展，贺兰县、青铜峡市入选“2022 年国家乡村振兴示范县”创建名单。同时，健全防止返贫动态监测和帮扶、脱贫群众稳定增收长效机制，深化拓展闽宁协作、定点帮扶、社会帮扶，加大对乡村振兴重点帮扶县支持力度，有效巩固了脱贫攻坚成果，牢牢守住了保障国家粮食安全和不发生规模性返贫两条底线。

3. 城乡人居环境进一步改善

环境就是民生，青山就是美丽，蓝天也是幸福。自治区党委、政府坚定不移落实习近平生态文明思想，坚决担当黄河流域生态保护和高质量发展先行区建设的使命任务，自治区第十三次党代会将“城乡面貌提升”纳入“六提升大行动”，自治区党委办公厅、政府办公厅先后印发《关于推进城乡建设绿色发

① 数据来源于宁夏回族自治区统计局官网。

展的实施意见》《宁夏农村人居环境整治提升五年行动实施方案（2021—2025年）》等政策措施文件，各市县紧盯美丽新宁夏建设目标任务，加快转变城乡建设方式和发展方式，持续改善城乡居民生产生活条件。聚焦生态环保，大力实施生态优先战略，继续深化煤尘、烟尘、汽尘、扬尘“四尘同治”，不断强化饮用水源、黑臭水体、工业废水、城乡污水、农业退水“五水共治”，深入推进建筑垃圾、生活垃圾、危险废物、畜禽粪污、工业固废、电子废弃物“六废联治”，全方位、全地域、全过程加强生态环境保护，进一步擦亮天蓝、地绿、水美的美丽新宁夏生态底色。聚焦宜居环境，全区改造城镇老旧小区和棚户区5万多户（套），建成城市绿道100余公里，建设小微公园和“口袋公园”50余个，新增了一批汽车充电桩和停车泊位，各地城市更新步伐加快，银川市入选第一批全国城市更新试点城市；依托实施重点小城镇和高质量美丽宜居村庄建设、农村危窑危房和抗震宜居农房改造、卫生厕所改造、北方地区冬季清洁取暖等项目，积极推动基础设施和公共服务向农村延伸，极大地改善了农村人居环境。聚焦城市安全，深刻汲取长沙居民自建房坍塌事故、乌鲁木齐高层住宅火灾事故、郑州特大暴雨灾害等经验教训，在全区范围内组织城镇燃气安全、城乡自建房安全专项整治和“百日攻坚”行动，开展高层建筑重大火灾风险专项整治和城市内涝重大安全隐患排查整治，常态化开展建筑施工安全隐患排查，整治消除了一批房屋安全隐患，及时处置了“6·21”“7·11”等暴雨汛情，守住了城市安全运行底线。

（四）坚持共建共治共享，社会治理现代化步伐加快

1. 基层社会治理更加有力

群众的安全感、获得感和幸福感，是一个地区社会治理水平的试金石。2022年，宁夏聚焦民生热点问题，统筹整合政策、项目、人员等各类资源，推动社会治理和服务中心向基层下移，积极构建共建共治共享的治理新格局，推进社会治理能力现代化建设，既提升了群众的获得感、幸福感和安全感，也充分彰显了社会治理的温度。自治区民政厅印发《关于完善“五社联动”机制创新基层治理的指导意见》，提出推进社区与社会组织、社会工作者、社区志愿者、社会慈善资源联动发展，重点强化“社区+党建”、搭建“社区+平台”、拓展“社区+服务”、深化“社区+治理”。住建部门大力推行物业服务行业“信

用管理”“收费公开治理”“美好家园创建”等工作，会同组织、民政部门开展社区物业党建联建，全域推动物业服务融入基层社会治理，倡导物业企业当好业主的“红色管家”，在助力疫情防控、改善人居环境、守护社区平安等工作中发挥了战斗堡垒作用。司法部门在全区推进一站式矛盾纠纷多元调解中心建设，推动人民调解、信访、仲裁、行政复议、诉讼等有机衔接，实现群众诉求“一站式受理，一揽子调处，全链条解决”。各市县深化政治引领、法治保障、德治教化、自治强基、智治支撑“五治”融合，持续推进市域社会治理现代化试点工作。银川市聚焦建设民主、文明、和谐、美丽、安全“五好”社区目标，组织开展社区党组织和小区党支部“双百”示范点创建工作，赋予小区党支部政治引领、党员管理、收集民意、志愿服务、统筹资源等职责，共组建小区党支部 1167 个，划分楼栋党小组 3795 个，让基层治理兼具温度和力度，兜起了广大居民幸福生活。石嘴山市以建设社会治理和谐市为总目标，注重在防范化解“五类风险”上下功夫，坚决把重大风险防范化解在市域，让市域成为重大社会矛盾风险终结地。吴忠市推行村级小微权力清单、村务公开目录等“微政策”，探索建立了村民代表大会“55124”治理模式，规范村（社区）公共服务和代办政务服务事项，48 项便民事项在村级实现全科办理，1100 多个事项可以通过“掌上查”，700 个便民事项实现“指尖办”。固原市试点运行“一个功能型党支部＋一个综治中心＋‘问题、责任、考核’三个清单”党建引领基层治理“1 ＋ 1 ＋ 3”工作机制，“一站式”解决群众诉求，取得显著成效，矛盾纠纷化解率达到 99%，受到群众广泛好评。中卫市坚持以完善基层治理组织架构、提升基层治理能力为突破口，纵深推进基层整合审批服务执法力量改革，将制度体制优势更好地转化为治理效能，有效提升了基层治理的协同性、精准性、高效性。

2. 风险防范化解成效显著

自治区第十三次党代会将安全摆在了更加突出位置，强调要全面建设社会主义现代化美丽新宁夏，必须统筹发展和安全，有效防范和化解各类风险隐患，实现高质量发展和高水平安全良性互动。抓发展必须抓安全，已成为宁夏各级党政组织的重要政治责任；抓安全就是抓发展，也成为宁夏全社会的思想共识和自觉行动。自治区党委建立安全风险研判防控工作机制，每月召开一次会议，及时分析研判预警，有效防范化解风险，以大安全保大发展，以大发展促大安全，推动高质量发展和高水平安全良性互动。自治区党委、政府出台加强安全生产工作“二十条硬措施”，为统筹抓好全区经济发展、安全生产、疫情防控三件大事提供了有效保障。自治区各部门和各市县牢固树立总体国家安全关，坚持底线思维和极限思维，突出抓好国家安全、社会稳定、安全生产、常态化疫情防控等重点任务，护住了各行各业安全底线，保住了一方平稳稳定，营造了平稳健康的经济环境、国泰民安的社会环境、风清气正的政治环境。

3. 民族团结进步事业蓬勃发展

民族团结是宁夏各族人民的生命线。自治区第十三次党代会鲜明提出，宁夏将“加快建设铸牢中华民族共同体意识示范区”，并作为“三区建设”之一强力推进。2022年以来，自治区党委、政府紧扣铸牢中华民族共同体意识这条主线，聚焦“中华民族共同体意识显著增强、推进现代化建设取得显著成效、各民族交往交流交融显著拓展、治理能力和治理水平显著提升、示范创建质量和水平显著提高”五大目标，实施“党员干部培元固本、青少年学生夯基育苗、各族群众凝心聚魂、社科理论正本清源、中华民族共有精神家园建设”五大工程，开展“各民族交往交流交融促进、创建工作提质增效、建设先行区促进共同富裕、公共服务保障能力和水平提升、法治保障同权、民族领域风险隐患防范化解、民族工作夯基培才”八大行动，健全“组织领导、考核评价、督促检查、协调联动、激励促进”五项机制，集全区之智、举全区之力推进铸牢中华民族共同体意识示范区建设，全面构筑中华民族共有精神家园、促进各民族交往交流交融、提升民族事务治理水平，使全区各族人民人心归聚、精神相依、守望相助、手足情深，进一步激发各民族携手推进美丽新宁夏建设的强大正能量，为推进民族事务治理体系和治理能力现代化、实现经济发展和社会稳定创造良好环境。

二、2022年宁夏社会发展存在问题与困难挑战

在党的二十大报告中，习近平总书记指出，世纪疫情影响深远，逆全球化思潮抬头，单边主义、保护主义明显上升，世界经济复苏乏力，局部冲突和动荡频发，全球性问题加剧，世界进入新的动荡变革期。我国发展也进入战略机

遇和风险挑战并存、不确定性难预料因素增多的时期，各种“黑天鹅”“灰犀牛”事件随时可能发生。当前，世界经济增长乏力，发达国家经济陷入衰退是大概率事件，对我国经济发展特别是对外贸易也将产生一定程度的影响。在新冠肺炎疫情影响下，国内经济发展也受到冲击，产业链、物流、消费、发展信心都不同程度受到影响，国内大循环并不完全顺畅。固定投资经过多年发展，边际效益也在递减，依靠投资拉动经济存在较大困难。经济是镶嵌在社会中的存在，经济发展也是社会建设的基础，当经济发展存在一定问题时，这些问题也会以一定的形式外溢到社会层面，给社会建设乃至社会稳定构成威胁。所以，尽管宁夏经济持续稳定恢复，发展动力不断增强，但我们也要清醒地看到，在复杂严峻的宏观形势下，受大环境的影响，不确定不稳定因素较多，一些矛盾和困难依然存在，宁夏经济运行仍面临持续显现的需求收缩、供给冲击、预期转弱三重压力，保持经济社会持续向好发展，是推进宁夏社会发展的基础，特别是高效解决群众所急所需所盼、高水平推进社会建设离不开经济的高质量发展。2022 年宁夏社会建设成绩有目共睹，但面对不确定的宏观形势，宁夏的社会建设也存在一些问题。

（一）就业总量压力和结构矛盾并存，稳就业保就业工作仍需付出艰苦努力

一方面，全区就业总体压力依然较大，根据第七次全国人口普查数据，全区 15—59 岁人口为 476.1 万人，占总人口数的 66.1%，劳动力供给量仍处于高位，叠加连续增长的高校毕业生数量和新冠肺炎疫情反复等因素，给全区就业带来较大压力。2022 年，累计进入全区就业市场求职的高校毕业生有 5.5 万人，但行政事业单位、国企等受毕业生青睐的工作岗位的招考数量并没有随之增加。同时，伴随着科技创新带动高技术产业不断发展，劳动密集型产业逐步收缩，部分劳动素质技能不强人员择业选择性受限。另一方面，就业结构性矛盾仍然突出。主要表现在三个方面：一是教育结构与企业需求匹配度还不高，区内各类高校专业课程设置与变化较快的产业发展需求协同性不够，高校毕业生就业结构性矛盾愈发突出；二是劳动者技能与企业需求匹配度还不高，宁夏高新技术企业和新兴产业发展较快，特别是文化程度低、职业技能水平低、年龄大的劳动者跟不上企业发展需求，导致出现摩擦性失业；三是就业人群期望与社会用工需求还有差距，劳动者对工资收入、就业环境、职业发展等要求越来越高，加之部分高校中职毕业生有家庭作为后盾而无太大经济压力，“挑工作”“慢就业”的现象愈加凸显。农民工等特殊群体就业问题不容忽视。一是受区内外疫情多点散发及燃油、天然气价格上涨等因素影响，农民工外出自营利润空间收窄，月均收入有所下降。二是受各地疫情防控影响，跨省务工限制增多，影响了农村劳动力外出就业和务工收入。三是受多方面因素影响，建筑施工项目和面积总量下降幅度较大，一定程度上影响了农民工就业和收入。此外，老年就业群体就业问题需要进一步关注，有关部门问卷调查数据结果显示，近七成老年人认为就业困难原因是就业市场对老年人存在偏见，近五成还认为是自身知识和技能跟不上市场需求以及家庭负担较多，无法获得有效的就业信息以及缺乏相关政策支持及就业保障也是老年人勾选数量较多的因素。

（二）社会事业发展仍需加大力度，公共服务供给与群众多样化需求还有一定差距

主要是高质量的教育、医疗、养老、托幼等事业发展还有不少短板。一是优质教育资源总体不足。目前，全区还有一定数量的义务教育“大校额”学校、普通高中“大班额”和百人以下农村小规模学校，“十四五”时期随着新型城镇化会有更多务工人员及随迁子女进入城镇，“乡村弱”“城镇挤”，城市“大班额”“大校额”，农村小规模学校等问题短时期内无法有效破解，对进一步推动教育事业优质均衡发展提出更高要求。二是群众看病就医负担依然较重。目前，全区公共卫生体系不健全、应急反应能力不足的问题突出，医疗服务能力相对于发达地区仍不够强，区域资源配置仍然不均衡、优质资源短缺，居民住院费用个人负担比例仍然偏高，个人卫生支出占卫生总费用的28%左右，群众首选在基层住院看病的认同感不强。特别是重大疾病医疗负担仍然较重，有关单位调查显示，30.5%的受访困难群众反映重大疾病医疗负担较重，主要是受患病影响就业机会与收入来源减少，加之需要长期服药增加大量支出，而且大部分药品不属于医保报销范围，导致家庭背负了沉重的经济负担。三是积极应对人口老龄化问题任重道远。宁夏人口老龄化加快，已经进入中度老龄化社会，全社会对养老保险、医疗保障、养老服务和健康等需求大幅度增加，基本养老保险收支压力增大，卫生总费用和人均医疗费用攀升，空巢、高龄和失能老年人的生活照料和长期照护服务需求持续增加。全区基本养老服务设施建设历史欠账多，多元化养老服务体系还不健全，健康养老产业发展还处于蓄势培育阶段，老年群体精神慰藉服务和产品不足，老龄友好型社会还有不少短板，难以满足广大老年群体多样化多层次养老和发展需求。四是留守儿童关爱问题需要持续关注解决。留守儿童长期缺乏父母的关爱、教育和照顾，在心理上或多或少存在缺乏安全感的情况。据有关单位调研了解，一些留守儿童反映平时上学有同学和老师陪伴感觉还不明显，放寒暑假后父母不在自己心中的孤独感便会强很多；75.0% 的留守儿童还存在学习无人辅导的问题，由于留守儿童多数存在隔代监护的现象，爷爷奶奶由于溺爱、代沟，文化程度低或者有所顾虑等原因，大多不能担负起辅导课业的责任，导致相当一部分留守儿童学习状况一般。

（三）社会保障体系建设还不完善，社会保险费用征收、基金保值增值双双面临挑战

2018 年以来，受宏观经济形势和新冠肺炎疫情影响，社会保险参保扩面和人员稳定缴费难度加大，加之2020年以来实施力度空前的“减免缓降返补”政策，全区基本养老、失业、工伤等保险累计为企业减免降费 289.93 亿元，当前社会保险运行面临不少压力和挑战。一是资金运行压力不小，主要表现为领取待遇人员增多、实际缴费人员减少，中断缴费人员增多、新增缴费人员减少，基金支出明显增多、可支付月数一再减少。特别是灵活就业人员和农民工参保不稳定，选择性参保、脱保、断保、漏保问题还不同程度存在，网约车司机、外卖骑手、家政服务人员等新业态从业人员及农村“两委”委员、社区返聘人员、在校实习生、超龄劳动者等人员职业伤害保障缺失问题凸显，需要引起有关部门的高度重视。二是人口老龄化压力倍增，主要表现为老龄人口基数大、增长快、支出多，形成老龄高原。根据第七次全国人口普查数据，宁夏常住人口中 60 周岁以上占比达到 13.53%，比第六次人口普查提高将近 4 个百分点，高出老龄化社会国际标准 3.53 个百分点，人口老龄化程度进一步加深，进入典型的“未富先老”社会，给社会保障带来较大压力。三是不平衡压力较大，主要表现为全区社会保险制度体系还有短板，各类社会保险领域都不同程度存在不平衡不充分问题。特别是养老保险尤为突出，基本养老仍然一枝独大，企业、职业年金发展不均衡，个人养老金刚刚启动试点，多层次、多支柱的养老保险体系建设尚不完备；失业、工伤保险基金还没有实现省级统收统支，补充工伤保险、职业伤害保障制度还没建立；国家尚未出台机关事业单位退休人员违纪违法后待遇处理办法；等等。

（四）社会不稳定因素增多，维护社会稳定压力增大

一是失业人数持续增多，对社会稳定构成潜在压力。受多重因素影响，企业特别是中小企业经营陷入困难，企业关停数量增加，裁员人数增多。虽然暂时失业并不会立刻对社会稳定构成威胁，但也会形成较大的社会稳定压力。二是各种社会风险陡然增加。从我们面临的风险看，主要包括政治安全风险、社会治安风险、涉众型投资利益受损群体矛盾风险、劳动就业矛盾风险、房地产和物业领域矛盾风险、退役人员群体矛盾风险、医疗纠纷矛盾风险、家庭婚恋矛盾风险、安全生产风险、自然灾害风险等社会风险。现代社会虽然本身就是一个高风险的社会，但一般情况下，随着经济高速发展，许多矛盾会得以化解，但在经济发展下行周期，社会解决矛盾空间、手段有限，各种社会矛盾风险会不断发酵并产生聚合效应，对社会稳定构成较大威胁。

（五）社会建设存在不平衡、不充分问题

一是城乡之间、区域之间、群体之间收入差距明显，实施共同富裕战略面临困难和挑战。作为衡量贫富差距的基尼系数，从全国来看，近年来维持在0.46—0.47区间，已经高于0.4的警戒线，说明我国贫富差距较大。就宁夏而言，从区域看，存在川区、中部干旱带、南部山区的自然区隔，发展水平有差异，城乡收入、居民收入也存在较大不平衡，如何推进共同富裕战略的实施，是我们面临的一项长期重要的任务。二是人口老龄化持续加快，人口结构优势不在，养老托育面临许多问题和困难。根据第七次全国人口普查结果，宁夏人口结构总体呈低速增长态势，年平均增长率为1.35%，比全国平均年增长率高1.5倍；家庭户规模缩小，平均每个家庭户人口为2.65人，略高于全国平均水平，但下降幅度高于全国平均数；60岁以下人口占比呈下降趋势，从宁夏历次人口普查数据看，自1953年以来尤其是进入新世纪，宁夏人口年龄结构均发生显著变化，60岁及以上人口为97.41万人，占13.53%；65岁及以上人口为69.28万人，占9.62%。无论老年人口总量还是占比，均呈明显上升态势，说明宁夏人口老龄化程度进一步加快，人口年龄结构已成老年型结构，养老压力增大。三是基本公共服务均等化水平不高。随着养老人数增加，养老金支付面临一定的压力，以后可能会更加严重。城乡养老金差距较大，农村敬老院专业化水平低。城乡义务教育资源均衡发展还需要进一步推进，农村学生进城学习，租房居住，增加了教育负担，医疗方面“看病难，看病贵”的问题依然存在，在新冠肺炎疫情期间，这种现象尤为突出。四是受经济形势和世纪疫情的影响，人们的心理健康问题突出，急需疏解。经济发展和疫情对人的影响重点不在于生计，而在于对人的心理的影响。虽然我们没有做系统的调研，缺少准确的数据支撑，但仅凭经验观察，就会发现现在患有各种心理疾病的人不在少数，如果不及时加以疏导，其负面情绪会逐渐强化，对社会稳定构成不利影响。

三、2023 年宁夏社会发展形势展望及对策建议

2023年，是全面贯彻落实党的二十大精神的开局之年，是全面实施“十四五”规划的攻坚之年，也是调整优化新冠肺炎疫情防控措施、更好地统筹疫情防控和经济社会发展的关键之年，在实现经济高质量发展的基础上，突出抓好社会事业建设和保障与改善民生各项工作，对稳定社会预期、促进社会发展、增进民生福祉意义重大。宁夏要坚持以习近平新时代中国特色社会主义思想为指导，深入贯彻落实党的二十大精神和习近平总书记视察宁夏重要讲话精神，围绕建设黄河流域生态保护和高质量发展先行区目标任务，以“三区建设”为重要载体，以居民收入、移民致富、教育质量、健康水平、文明素养、城乡面貌“六大提升行动”为抓手，着力稳就业增收入，持续发展社会事业，切实保障和改善民生，加强和改进社会治理，让老百姓获得感更多、幸福感更强、安全感更高。

（一）着力推动民生保障改善，进一步提升共同富裕成色和底色

践行以人民为中心的发展思想，突出抓好“一老一小一青壮”民生工程，在教育、医疗、养老、住房等人民群众最关心的领域精准提供基本公共服务，让群众切实感受到经济发展的力度和民生改善的温度。

1. 继续优先发展教育事业

习近平总书记强调，教育公平是社会公平的重要基础，要不断促进教育发展成果更多更公平惠及全体人民，以教育公平促进社会公平正义。党的二十大

报告强调，要坚持以人民为中心发展教育，加快建设高质量教育体系，发展素质教育，促进教育公平。2022年，全区各级党委、政府要把教育摆在更加突出的位置，坚持教育投入优先安排、教育发展优先规划、教育用地优先保障、教育用人优先补充、教师待遇优先落实，大力促进教育公平，更大力度支持引导教育事业持续均衡发展，加快缩小区域、城乡差距。教育部门要全面落实立德树人根本任务，健全和完善学校思想政治工作体系，强化铸牢中华民族共同体意识教育，教育引导广大师生感党恩、听党话、跟党走。要聚焦人民群众所急所需所盼，推进各级各类教育优质协调发展，提供更加多样、更加公平、更高质量的教育，努力办好人民满意的教育。学前教育要坚持普及普惠方向，启动实施第四期学前教育行动计划，进一步完善学前教育管理体制、办园体制和政策保障机制，积极探索托幼一体化建设，有效保障群众就近就便入园。义务教育要坚持优质均衡方向，继续抓好县域义务教育优质均衡发展，新建改建扩建一批薄弱学校基础设施和办学用房，完善家校协同“双减”机制，更加关注留守儿童、残障儿童等特殊群体，统筹推进城乡、山川义务教育一体化改革发展。普通高中要坚持优质特色方向，办好各级示范性中学，协同推进普高课程改革和高考综合改革，引领各类高中提升学校办学内涵，促进学生自主学习、全面发展。职业教育要坚持产教融合方向，聚焦“六新六特六优”等重点产业发展，深化复合型技术技能人才培养培训模式和评价模式改革，推进产教对接、校企合作，培养更多经济社会发展急需紧缺的技术能手、技能大师。高等教育要坚持优质多元方向，加大宁夏大学“双一流”建设力度，鼓励普通高校深化基础学科、扶持冷门学科、强化应用学科、发展交叉学科，推进应用型高校“双特色”发展，建设一批服务宁夏支柱产业、优势产业和战略性新兴产业的特色学科和紧缺专业，进一步增强创新型、应用型、复合型人才供给能力。同时，要继续大力发展特殊教育，支持老年教育和社区教育发展。

2. 落实落细稳定就业政策

坚持把就业作为经济社会发展的优先目标，推动财政、社保、产业等政策聚力支持稳就业，支持市场主体稳岗扩岗。持续优化创业创新环境，加大对初创实体帮扶力度，完善用工和社保政策，支持灵活就业健康发展。强化就业优先导向，完善就业优先政策，突出抓好重点群体就业，解决好高校毕业生等青年就业问题，健全灵活就业劳动用工和社会保障政策。加大创业扶持力度，鼓励支持农民工等人员返乡入乡创业。聚焦高校毕业生、农民工、就业困难人员等重点群体，分类帮扶、精准施策，构建多元化的帮扶体系。健全就业失业服务管理制度，大规模开展职业技能培训，增强培训服务针对性、有效性。开展和谐劳动关系创建示范活动，加强建筑工地实名制管理，巩固根治欠薪工作成果，加强人力资源市场监管，营造良好的就业环境。

3. 统筹完善卫生健康保障体系

加快国家、自治区级区域医疗中心、市级专科诊疗中心和县域医疗中心建设，推动乡镇卫生院（社区卫生服务中心）服务能力普遍达标，推进优质医疗资源扩容和均衡布局。深化医药卫生体制改革，高质量推进县域医共体（医联体）人员、业务、财务、信息、药械“五统一管理”、一体化运营，促进医保、医疗、医药协同发展和治理，着力构建整合型、医防融合的新型医疗卫生服务体系。大力推进“互联网＋医疗健康”示范区建设，补齐心理医生缺失短板。加快县域（区域）互联网、医共体数字化建设，尽快实现医共体和医联体内的信息互联互通，推进电子健康码“一码通用”，实现全生命周期服务，解决群众看病就医的“痛点”和“堵点”问题。深入推进健康宁夏建设，理顺疾病预防控制体制机制，健全自治区、市、县三级公共卫生事件应急指挥体系和预警响应机制，推动公共卫生应急救治中心、传染病医院新改建等项目建设，提高重大突发公共卫生事件应对处置能力。

4. 积极应对人口老龄化问题

树立“大健康、大养老、大服务、大产业”理念，实施积极应对人口老龄化国家战略，以健全完善养老服务体系和健康支撑体系为重点，强化社会协同，扩大产品供给，加强企业培育，优化产业布局，加快推进银发经济发展，催生一批智慧健康养老新产品、新业态、新模式，积极构建健康养老产业发展新格局。要突出抓好加快养老服务领域标准制定，创新“互联网＋健康养老”服务模式，推进老年友善医疗机构和老年友好型社区建设，推动三孩生育政策及配套支持措施落地见效，解决好养老服务基本保障问题。自治区有关部门要加强监测评估，指导青铜峡市、贺兰县稳步推进国家积极应对人口老龄化重点联系城市试点工作，推动应对人口老龄化相关政策和改革举措落地，为各市县整体解决人口老龄化问题提供经验路径。各地要推动政产学研用深度合作，加强跨学科、跨领域合作，加速物联网、大数据、云计算、人工智能、区块链、超高清视频、虚拟现实等新一代信息技术在养老领域的集成创新和融合应用，催生新产品新业态新模式，形成优势互补、协作共赢的产业生态和发展环境。

5. 持续强化社会保障体系建设

当前，宁夏已经迈入推动共同富裕的历史阶段，社会保障作为收入分配调节器，最能体现社会公平。面对城镇化、人口老龄化、就业方式多样化带来的新挑战，我们要围绕全覆盖、保基本、多层次、可持续等目标，坚持养老、医疗、失业、工伤、社会救助、住房保障等各方面工作一体谋划、统筹推进、全面落实，用改革的办法推进社会保障体系可持续发展，更好地发挥社会保障再分配功能和为人民生活托底作用，兜住兜牢民生底线，推动全体人民共同富裕取得更为明显的实质性进展，让老百姓有更可靠的社会保障、更舒适的居住条件，满足人民群众对美好生活的热切期盼。继续抓好社会保险扩面工作，大力实施全民参保计划，引导企业职工、灵活就业和新业态从业人员等重点群体积极参加社会保险，认真落实基本养老、基本医疗保险筹资和待遇调整机制，进一步提高社会保险保障能力和水平。继续完善住房保障体系，坚持常态化开展监测评价，通过新建改建、调整闲置等方式积极筹集房源，加快发展保障性租赁住房，解决好新市民、青年人等住房困难群体的住房问题。

（二）着力推动创新高地建设，进一步提升经济社会发展动力和活力

坚持把创新贯穿全局、摆在首位，建设一流创新平台、培育一流创新主体、集聚一流创新团队、厚植一流创新文化，深化产学研结合，加快建设区域创新高地和人才高地。

1. 打造高端创新平台体系

坚持政府引导、市场主导，完善部区合作、东西协作长效机制，引导区内企业、高等院校、科研机构与东部地区建立和完善协同创新共同体，推动东西部人才智力交流互动、科技成果转移转化，提升自主创新和开放合作能力，高水平建设全国东西部科技合作引领区。积极厚植创新力量，围绕产业链布局创新链，积极争创全国重点实验室，建设自治区实验室，布局一批基础学科研究中心、工程技术研究中心，打好关键核心技术攻坚战，突破一批“卡脖子”技术，转化一批重大科技成果。

2. 培育壮大创新“生力军”

加强“双一流”学科建设，加大对青年科研人员支持力度，培育更多高层次人才。聚焦“六优六特六新”等主导产业和战略性新兴产业、未来产业，加强重大创新课题研究，凝练实施一批重点课题和重大科技项目，引导创新型龙头企业牵头成立创新联合体进行攻关。创新“人才＋资本＋场景”创新项目保障机制，组织实施“揭榜挂帅”研发项目、协同创新项目，鼓励高校院所利用政府补助资金和自筹资金，自主立项、自主管理，让更多“千里马”在宁夏创新创造、竞相奔腾。继续实施企业科技创新后补助政策，推动各类创新要素向园区和企业集聚，支持重点企业牵头组建创新联合体，培育一批“专精特新”和“瞪羚”企业，努力实现国家高新技术企业数量再创历史新高，形成头部企业支撑引领、中小企业众星拱月的科技创新集聚圈。

3. 积极营造更优创新生态

依托国有企业探索发展天使风投创投基金，积极与各类产业基金、知名创投机构合作，健全投、保、贷、补科技金融服务体系，为科技型企业提供良好投融资环境。鼓励青年创业，把青年友好型理念融入城市规划建设管理各方面，支持创新创业平台举办具有全国影响力的创新创业活动。创新管理运行、人才引育、成果转化、激励评价等机制，加强知识产权保护和运用，优化创新资源配置、提升创新活动效能，以体制机制改革为科技创新架梁立柱，打造一流创新生态，最大限度地激发各类创新主体、市场主体、人才团队的创新创业创造活力。

（三）着力推动绿色低碳发展，进一步提升资源利用效率和效益

党中央赋予宁夏建设黄河流域生态保护和高质量发展先行区的时代重任，这既是宁夏的光荣使命，更是宁夏的重大机遇。我们要深入贯彻习近平生态文明思想，大力实施生态优先战略，坚持绿色低碳发展，协同推进降碳、节水、减污、扩绿、增长，全面提升资源生态系统稳定性和生态服务功能，推动形成绿色低碳的产业结构、生产方式、生活方式和空间格局，努力把绿色生态变成宁夏最大财富、打造成宁夏最强优势、塑造成宁夏最亮品牌。

1. 锚定目标推进碳达峰碳中和

科学落实“碳达峰、碳中和”战略目标，进一步完善各行业各领域碳达峰政策方案体系，强化重大项目建设能耗指标保障，推动实施重点用能企业节能改造和能耗在线监测平台企业端建设，创造条件尽早实现能耗“双控”向碳排放总量和强度“双控”转变，坚决遏制“两高”项目盲目发展。坚持节约优先，因地制宜发展绿色能源，利用中部干旱带自然条件，积极发展太阳能、风能等清洁能源，积极推进地热能等清洁取暖，进一步压减煤炭消费，有效应对季节性“煤荒”问题。严格落实建设项目环评“三线一单”硬约束，进一步优化空间布局，系统推进山水林田湖草综合治理，提升全区生态碳汇能力。

2. 坚持严管重罚持续加强污染防治

坚持精准治污、科学治污、依法治污，全面整改第二轮中央生态环境保护督察反馈问题，持续深入推进能源结构、产业结构、交通运输结构调整，全面实施 $PM_{2.5}$ 与臭氧协同治理，抓好工业企业、移动源和面源污染防控，实现减污降碳协同控制和空气质量持续好转。坚持水资源节约利用和充分使用，统筹城乡与生态、产业和环境用水，推行水资源刚性约束制度，加快节水型社会建设，加快推进城市中水回用和工业再生水利用，促进人水协调、城水相宜、产水相适。深化实施“四水同治”，持续改善生态水环境，确保地表水国控断面水质优良比例保持在 80% 以上，黄河干流断面水质保持Ⅱ类进Ⅱ类出。严格建设用地准入管理，深入推进污染地块和国土空间规划“一张图”管理，探索开展农业污染面源调查监测，确保化肥、农药使用量零增长。

3. 积极倡导绿色生产绿色生活方式

认真落实党中央、国务院关于推动城乡建设绿色发展的意见和自治区党委、政府有关实施意见，推动建设人与自然和谐共生的美丽城市、绿色生态宜居的美丽乡村。积极发展绿色交通，因地制宜建设自行车专用道、人行步道等慢行交通系统，加快充电设施建设，打造城市绿色货运配送基础设施三级网络体系，减少运输污染。推广节能节约低碳节水用品，推动太阳能、再生水等应用，倡导绿色装修，鼓励选用绿色建材、家具、家电。鼓励使用环保再生产品和绿色设计产品，减少一次性消费品和包装用材消耗，积极探索垃圾分类计价、计量收费制度，推动生活垃圾源头减量。继续全面执行绿色建筑标准，大力推广保温一体化、装配式建筑、超低能耗建筑，持续提高装配式建筑占新建建筑面积比例。持续壮大绿色环保产业，大力发展新型材料、清洁能源、装备制造、数字信息、现代化工、轻工纺织等战略性新兴产业，推进垃圾焚烧发电厂建设，加快生活垃圾无害化处理和资源化利用，培育绿色低碳新动能。

（四）着力推动区域城乡协调互动，进一步提升协同发展广度和深度

坚定不移地贯彻实施黄河重大国家战略，落实好“十四五”新型城镇化规划，加快城市群一体化、都市圈同城化、中心城市特色化建设，推动县域经济大发展，持续巩固拓展脱贫攻坚成果同乡村振兴有效衔接，进一步增强区域城乡发展协调性，加快建设黄河流域高质量发展区域样板。

1. 全力打造宁夏沿黄城市群

宁夏要立足黄河“几”字弯都市圈能源富集区、革命老区、传统农牧区、流域文化发祥区等优势特征，持续推动银川都市圈协同发展，深化沿黄 13 个县（市、区）和宁东能源化工基地分工协作，科学布局生产、生活、生态空间，推进区域基础设施互联互通、产业协同互补互促、生态环境共保共治、公共服务共建共享，促进土地、资本等生产要素高效流动，加强与呼包鄂榆城市群、山西中部城市群、兰（州）西（宁）城市群合作联动，提升宁夏沿黄城市群在黄河中上游的辐射带动作用。同时，认真落实《宁夏回族自治区国土空间规划（2021—2035 年）》，按照自治区第十三次党代会明确的发展定位，突出区域中心城市地域特色，强化分工合作，推进中心城市特色错位发展，形成特色鲜明、优势互补、高效协调的城市发展布局，建设中心引领、多点支撑的城乡融合发展体系。

2. 推动县域经济高质量发展

各地要顺应县城人口流动变化趋势，统筹县城生产、生活、生态、安全需要，按照城市周边型、专业功能型、农业主导型、绿色生态型等不同类型，大力推进以县城为重要载体的新型城镇化，推动人口集中、产业集聚、功能集成、要素集约，进一步提升县城发展质量，引导周边农村人口就近城镇化。有条件的县（市、区）要将城乡基础设施项目整体打包，实行一体化开发建设和统一管护，以县域为基本单元推进城乡融合发展，逐步实现城乡统一的基础设施管护运行机制。着力打造县域经济发展新优势，推动县（市）聚焦主导产业和新兴产业培育，完善“一县一开发区”布局，充分发挥县城和开发区承接农村人口转移的主体作用，不断强化县城承载能力。同时，要把握县域内城乡融合发展方向，科学规划小城镇建设规模、空间布局、功能形态、风貌把控，统筹实施规划布局、基础设施、公共服务、产业发展、生态环保、社会治理“六个一体化”，打造一批融合一二三产、汇集人财物的区域发展小高地，推动城镇村衔接互补，使小城镇成为服务农民的区域中心和农村劳动力就近转移、就地城镇化的承接地。

3. 全面推进乡村振兴

党的二十大报告指出，全面建设社会主义现代化国家，最艰巨最繁重的任务依旧在农村。宁夏乡村发展基础比较薄弱，农业农村现代化任务艰巨，全面推进乡村振兴已成为宁夏实现中国式现代化的关键所在。我们要紧盯“农业强，农村美，农民富”的目标，坚持农业农村现代化一体设计、一并推进，按照自治区第十三次党代会安排部署，把乡村建设摆在美丽新宁夏建设的重要位置，大力实施乡村建设行动，扎实推动巩固拓展脱贫攻坚成果同乡村振兴有效衔接，积极打造塞上乡村乐园，走好中国式现代化的“三农”道路。各市县要全面深化农村改革，培育壮大乡村产业，持续整治农村人居环境，推动城市公共服务向农村延伸，引导农村人口向城镇转移，促进城乡之间要素良性互动、合理流转、协调发展，加快建设乡村全面振兴样板区。要严格落实“四个不摘”要求，持续做好三类户的监测帮扶，防止出现因灾、因病等突发严重困难返贫致贫，加大驻村帮扶、社会帮扶和消费帮扶力度，稳定脱贫群众就业，牢牢守住不发生规模性返贫底线。

（五）着力推动共建共治共享，进一步提升社会治理能力和水平

社会治理是一项抓基层、打基础、固基本的民生工程。党的二十大报告指出，健全共建共治共享的社会治理制度，提升社会治理效能。我们要牢固树立系统观念，深化对社会运行规律和治理规律的认识，不断强化党建引领，推动共建共治共享的社会治理格局加速形成，进一步构建富有活力和效率的现代化社会治理体系。

1. 大力发展全过程人民民主

党的二十大报告指出，全过程人民民主是社会主义民主政治的本质属性，是最广泛、最真实、最管用的民主。当前，我们推进社会主义现代化美丽新宁夏建设，既需要党的全面领导，也需要用民主凝聚社会力量，更需要让人民广泛参与，这样才能真正把实现人民对美好生活的向往作为现代化建设的出发点和落脚点，才能建设全体人民共同富裕的现代化。要持续加强民主政治建设，认真落实中央、自治区党委人大工作会议精神，坚持党的领导、人民当家作主、依法治国有机统一，将人民民主体现到政策制定、经济发展、社会治理等每个环节，落实到人民群众衣食住行、柴米油盐、酸甜苦辣等每件小事，确保全过程人民民主起始于人民意愿充分表达、落实于人民意愿有效实现。要坚持和完善人民代表大会制度，支持各级人大及其常委会依法履职，进一步提高人大代表工作水平，正确有效依法开展监督，真正做到民有所呼、我有所应。不断丰富人大民主民意表达的平台载体，更好地把制度优势转化为治理效能。要更好地发挥人民政协重要渠道和专门协商机构作用，使社会各方面的意见建议及时传递上来，使自治区党委和政府的主张及时传递到社会各界，积极协助党委和政府做好群众工作、维护和实现群众根本利益、促进社会和谐稳定。要坚持大团结大联合，加强中国共产党同各民主党派、无党派人士合作共事，支持工商联更好履行职责，寻求最大公约数，画出最大同心圆。

2. 铸牢中华民族共同体意识

宁夏有着民族团结的光荣传统，长期保持着各民族团结和睦、共同奋斗的大好局面。特别是 2016 年以来习近平总书记两次视察宁夏，为宁夏进一步做好民族工作提供了根本遵循和行动指南。因此，自治区第十三次党代会确立“加快建设铸牢中华民族共同体意识示范区”的重大任务，体现了宁夏各族人民的共同意志、共同心声，必将引领全区民族工作高质量发展，也必将使宁夏山川中华民族一家亲的氛围越来越浓。全区各级各部门要完整、准确、全面贯彻落实党的民族理论和民族政策，认真落实中央统战工作会议、中央民族工作会议精神，自觉把铸牢中华民族共同体意识贯穿于民族工作全过程各方面，全面提升民族事务治理水平，积极构建“5585”创建模式，坚决守好民族团结生命线，使全区各民族人心归聚、精神相依，形成各民族和睦相处、和衷共济、和谐发展的生动局面。

3. 提升基层社会治理效能

基层党组织是党全部工作和战斗力的基础，在推动基层社会治理现代化中发挥引领作用。各级各部门要以实现共同富裕为工作落脚点，把党建引领贯穿基层社会治理各环节全过程，通过培育多元治理主体、加强监督和正向激励，凝聚社会共识和情感基础，形成推动共同富裕的强大合力。要继续加强和改进社会治理，认真分析总结市域社会治理现代化试点经验成效，健全政治、法治、德治、自治、智治“五治融合”基层社会治理机制，完善共建共治共享的社会治理制度，建好网格化管理、精细化服务、信息化支撑的基层治理平台，推动政府治理同社会调节、居民自治良性互动，建设人人有责、人人尽责、人人享有的社会治理共同体，加快推进宁夏全域社会治理现代化。要更好地统筹发展和安全，准确把握发展和安全的辩证关系，进一步增强底线思维和极限思维，健全完善大安全大应急框架，突出抓好维护政治安全、经济安全、社会安全、生产安全、生态安全、网络安全等各项工作，完善应急管理体系，提高防灾减灾救灾能力，坚决遏制重特大事故发生，牢牢守住安全发展底线，让城乡居民生活得更安全、更放心。

2022年宁夏文化发展与展望报告

牛学智　　徐　哲

2022年是极不平凡的一年，举国关注、举世瞩目的党的二十大胜利召开。党的二十大是在全党全国各族人民迈上全面建设社会主义现代化国家新征程、向第二个百年奋斗目标进军的重要时刻召开的一次十分重要的大会，是一次高举旗帜、凝聚力量、团结奋进的大会。党的二十大报告站在我们党全面建设社会主义现代化国家和中华民族伟大复兴新征程的历史起点上，全面总结了过去五年和新时代十年取得的具有里程碑意义的举世瞩目的辉煌成就，全面总结了我们党之所以取得伟大成就的历史经验、实践经验和理论经验，为全党进一步高举马克思主义伟大旗帜、坚定不移走中国特色社会主义道路，为全面建成社会主义现代化强国提供了根本遵循，是党团结带领全国各族人民夺取新时代中国特色社会主义新胜利的政治宣言和行动纲领。

习近平总书记在报告中强调要推进文化自信自强、铸就社会主义文化新辉煌，这为文化建设开启了新的篇章，指明了新的方向。推进文化自信自强，必须始终坚持中国共产党的领导，坚持中国特色社会主义道路，紧紧围绕举旗帜、聚民心、育新人、兴文化、展形象的使命任务，以富有活力的现代文化展示当代中国形象。推进文化自信自强，必须坚持以马克思主义为指导，以马克思主

作者简介　牛学智，宁夏社会科学院文化研究所所长，研究员；徐哲，宁夏社会科学院科研组织处副处长，副研究员。

义统领多样化文化发展，走出一条符合中国国情和文化建设实际的发展道路。必须坚持以人民为中心的创作导向，着力创作有温度、有深度的文艺作品，讲好中国故事，弘扬中国精神，书写社会主义文化强国建设的崭新篇章。

2022 年，中国共产党宁夏回族自治区第十三次代表大会也在与全国同步全面建成小康社会、踏上全面建设社会主义现代化新征程的关键时期顺利召开。党代会对未来五年宁夏文化建设做出了新的规划部署，明确提出要“打造文化兴盛沃土”，要“推进文化事业和文化产业繁荣兴盛，努力建设新时代文化强区”。

党的二十大及自治区第十三次党代会为宁夏的文化建设擘画了新的蓝图，宁夏的文化迈上了新台阶。一年来，经过全区上下的不懈努力，新气象、新业态不断涌现，各个领域亮点频出。主流媒体舆论引导力进一步增强，社会主义核心价值观更加深入人心，社会文明程度进一步提高，文艺精品不断涌现，文旅融合更加紧密，人民文化生活更加丰富，扎实推进、稳步发展的宁夏文化正在为全面建设社会主义现代化美丽新宁夏提供着坚实的思想保障、注入强劲的精神动力。

一、2022 年宁夏精神文明和文化建设工作经验与成绩

（一）深化理论学习，大力开展理论武装入脑入心行动

银川市创新形式，多措并举，覆盖面大，效果突出。贯彻落实《中国共产党宣传工作条例》，实施习近平新时代中国特色社会主义思想铸魂工程，出台贯彻落实习近平总书记重要讲话和重要指示批示精神专项工作机制、工作办法等，分专题举办党组理论学习中心组集体学习会、专题培训班和专题辅导报告，新打造习近平新时代中国特色社会主义思想“七进”和学校“三进”示范点 8 个，组织开展宣讲 2000 余场次。组织开展朔方人文科学大讲堂银川分讲堂“百场社科宣讲进基层”活动，开展专题宣讲 100 余场次，听众达 2 万人次。出台《推动党史学习教育常态化长效化实施意见》《银川市推动“我为群众办实事”实践活动常态化长效化管理办法（试行）》，实现工作流程规范化、创新做法制度化、成熟经验机制化。银川市撰写的《把“山海情”作为党史学习教育生动教材》《社会主义是干出来的》案例入选党中央党史学习教育领导小组办公

室案例选编。

石嘴山市着力深化理论武装，夯实信仰信念的思想根基。一是坚持以上率下，将学习习近平新时代中国特色社会主义思想，习近平总书记最新重要讲话、重要文章和作出的重要指示批示精神等内容，列为石嘴山市委常委会“第一议题”、市委理论学习中心组“第一主题”，通过党组理论学习中心组集体学习，交流研讨和交流发言，在学思践悟中不断提高政治判断力、政治领悟力、政治执行力。举办青干班等各类培训班 11 期，培训党员干部 1300 余人次。二是创新话语方式，运用大众化、通俗化的话语体系，让党的创新理论“飞入寻常百姓家”。邀请党代表、宁夏党委宣讲团成员，成立市县宣讲团，开展专题宣讲活动 690 余场次，受众 54000 余人。培育“小马扎”“庭院微课堂”等 24 个宣讲品牌，用身边的“小故事”厘清政策的“大道理”。

吴忠市聚焦首要任务，推动理论学习走深走实。一是深化实化理论学习，推广运用“中心组理论学习 +”模式，深入开展党的二十大和习近平总书记视察宁夏重要讲话指示批示精神“大学习、大讨论、大宣传、大实践”活动，用好《党的二十大报告辅导读本》《党的二十大报告学习辅导》等书籍，引导吴忠全市党员干部群众认真学习领会党的二十大精神。以专题辅导班和轮训班方式，抓好自治区第十三次党代会的学习贯彻，实现全市 496 名市管干部全覆盖轮训。二是分层分类开展宣讲。深化拓展“四千万”工程（四级书记赴一线、千名干部大调研、万名党员大宣讲），组建市县乡村四级网络，运用群众喜闻乐见的方式，切实让广大干部群众喜欢听、愿意听，听得懂、能落实。加强报台网端微立体化理论宣讲阵地建设，打造“吴忠宣讲”网络品牌，组织开展“吴忠宣讲”微视频征集展示活动，录制展播“坚定信心同心抗疫”等系列微宣讲视频 74 期，切实让党的创新理论“飞入寻常百姓家”。三是着力推动成果转化，坚持理论联系实际的马克思主义学风，紧密结合吴忠全市改革发展稳定等各方面工作，组织开展“学习贯彻习近平总书记视察宁夏重要讲话精神”“奋进新征程建功新时代”等理论征文活动，征集理论文章 101 篇，召开推动习近平新时代中国特色社会主义思想走深走实暨学习《习近平谈治国理政》（第四卷）座谈会，推出了一批高质量研究成果。

固原市在打造党的创新理论学习教育示范地上颇有创意。一是按照宁夏党委打造“全区党的创新理论学习教育示范地、红色文化新高地、满足脱贫地区群众精神文化新需求样板地、精神文明建设模范地”要求，抓实抓细“十大工程”，深入推进“四地建设”，系统化推进党的二十大报告、《习近平谈治国理政》（第四卷）等的学习，组织“第一书记”“五老一新”等8支宣讲队开展面对面宣讲、心贴心交流，依托贯通市县乡村的“云视讯”系统开展网络微宣讲、微课堂，把宣讲台搬到社区里、车间中、炕头上。二是为营造党的二十大精神社会宣传氛围，固原市市县两级筹措资金180万元，打造景观造型15处，安装道旗等1600余面，悬挂横幅1.8万条，制作擎天柱宣传牌80余面，利用1.7万余个电子屏不间断滚动宣传，发送宣传短信60余万条。三是在福建召开的习近平生态文明思想理论与实践研讨会上，固原市以“红色固原绿色发展——习近平生态文明思想的固原实践”为主题推广了固原市的经验，得到了广泛好评。

中卫市思想理论建设和意识形态责任同时抓，两项工作得到进一步深化、进一步压实。中卫市严格落实党委（党组）理论学习中心组学习、中心组成员包抓、巡听旁听等制度，除常规性理论学习中心组学习，县处级以上党委（党组）理论学习中心组学习外，开展各类理论宣讲2200余场次。举办了第五届基层理论“微宣讲”大赛，开展了“用好红色资源、赓续红色血脉”理论研讨会、“奋进新征程・建功新时代”理论征文活动和社科理论课题征集研究，推动党的理论创新成果入脑入心、见行见效。建立了月度重点领域、季度全市范围、随时统筹调度意识形态风险分析研判工作机制，进一步压实了意识形态主体责任。

（二）思想道德教育常抓不懈，大力开展思想道德引领铸魂行动

银川市深入贯彻落实《新时代公民道德建设实施纲要》，弘扬和践行社会主义核心价值观，印发《关于建立社会主义核心价值观入法入规协调机制的实施方案（试行）》，成立协调小组，建立咨询专家库。召开学习贯彻习近平总书记给“中国好人”重要回信精神座谈会，组织银川市文明委各成员单位及先进模范深入学习贯彻重要回信精神、收看第八届全国道德模范故事汇基层巡演启动仪式。组织各地各部门参加宁夏第六届社会主义核心价值观主题微电影评选活动，15部作品获奖。选树推荐发布“中国好人”2名、“宁夏好人”3名、“银川好人”10名，举办《闪亮的名字》思想政治教育系列活动3场，在全社会形成崇尚榜样、见贤思齐的生动局面。推动理想信念教育常态化、制度化，深入挖掘红色资源、赓续红色血脉，结合抗战胜利日、烈士纪念日、中国传统节日等，组织各地各部门依托爱国主义教育基地开展主题党日团日队日活动等线上线下宣传教育活动 1600 余场次。

石嘴山市通过深化“五大创建”，引领文明新风行动。石嘴山市联合市教体局等部门印发《石嘴山市乡村“复兴少年宫”试点建设实施方案》，以思想教育铸魂、道德建设引领、文明风尚培育等“七大工程”为载体，统筹推进“五大创建”，积极探索促进全市人民精神生活共同富裕新途径。印发《石嘴山市拓展新时代文明实践中心建设实施方案》，指导各级新时代文明实践中心制定考核项目清单，培育“田间课堂”“黄河岸边生态讲堂”等文明实践志愿服务品牌 700 余个，推动资源入驻下沉。组织开展“拒绝高额彩礼推进移风易俗”宣传浸润专项行动，石嘴山全市 195 个建制村全部建立红白理事会，实现“三个全覆盖”。建成新时代文明实践中心（所、站）355 个，覆盖率 100%；注册志愿者达 14.71 万人，志愿服务团体 1531 个，7 个志愿服务组织、社区、个人荣获宁夏学雷锋志愿服务“四个 100”称号，志愿服务蔚然成风。

吴忠市把强化价值引领，培育向上向善的文明风尚作为重点。一是贴近群众教育引导。常态化开展中国特色社会主义和中国梦宣传教育，围绕“习近平总书记情系宁夏”，举办“传承红色基因奔赴新征程”主题活动，开展“追寻红色足迹”学习体验活动 3200 余场次，传承红色基因、赓续红色血脉。二是先进典型示范引领。深入实施公民道德建设引领工程，召开习近平总书记致“中国好人”重要回信精神座谈会，深化“我推荐我评议身边好人”活动，深化“好人之城”建设，圆满承办了第三季度“中国好人榜”发布仪式暨全国道德模范与身边好人交流互动活动。三是强化文明实践养成。以群众性精神文明创建为有力抓手，充分发挥群众的主体作用，推动社会主义核心价值观落细落实、融入日常、做在经常。2022 年，吴忠全市登记注册志愿者 31.31 万人，占全市常住人口的 22.5%，实施志愿服务项目 7.56 万余个，在第六届中国青年志愿服务项目大赛中取得 2 金 1 铜的好成绩。

固原市在加强干部自身建设和打造精神文明建设模范地上，措施得力，收效明显。举办固原全市党政干部意识形态专题研修班、创建全国文明城市专题培训班，深入实施六盘文化文艺人才提升工程，培育文艺领军人才工作室 3 个、文艺创作基地1处，全面提升宣传思想战线业务能力水平。拓展深化新时代文明实践中心建设，建成新时代文明实践基地48个，成立网络文明、中华文化等10个行业志愿服务队，开展“践行文明风尚为美丽固原加分”宣教活动，举办首届固原市网络文化节，开展网络“三俗”文化治理，促进“五大文明行动”常态化开展。

中卫市着力构筑“一城好人，满城春风”的新时代道德高地，开展了“新时代好少年”、寻找身边的“雷生勇”等道德建设先进典型选树宣传活动。以文明城市创建“九大攻坚战”为统揽，争创区级文明单位8个、文明村镇5个、文明校园8个，建成新时代文明实践所40个、实践站511个，8人获评“中国好人榜”候选人，延伸建设了沙坡头区雷锋纪念馆、中宁县南河子公园、海原县文化馆等新时代文明实践分中心、实践基地（广场）35个，实现县、乡镇、村（社区）三级阵地建设全覆盖。立足“靶向式服务”，开展“千名文艺志愿者进基层”主题实践活动，建立了宣传部、文明办统筹，群众“点单”、文联“派单”、协会“接单”、中心（所、站）“评单”的闭环运行机制，走出了新时代文明实践深化拓展的创新之路。

（三）着眼于具体和细节，大力开展精神文明建设走深走实行动

银川市以文明城市创建为抓手，推进精神文明建设进一步走深走实。实施创城“十大惠民工程”“八项提升行动”，建立市级领导分片包抓责任制，持续完善“街巷长制”“双报到”工作机制，顺利完成全国文明城市创建实地测评工作。召开银川市全市拓展新时代文明实践中心现场推进会，建成实践中心6个、实践所54个、实践站538个，实现新时代文明实践阵地全覆盖。2022年，1人荣获全国“新时代好少年”，3人荣获区级“新时代好少年”，25人荣获银川市“新时代好少年”。深入推进未成年人思想道德建设，打造《童心向党健康成长》专题电视节目，申报宁夏乡村“复兴少年宫”建设试点项目11个。组织开展移风易俗宣传月，通过各种形式开展移风易俗宣传、文艺演出等活动1400余场（次）。

石嘴山市提出创新巩固提升文明城市成果“4456”工作法（强化四级联动抓推进，固化四项机制抓落实，实化五大攻坚抓整治，深化六个行动抓提升），唱响“文明石嘴山你我共行动”文明城市创建进行曲。创作拍摄的视频短片《宁夏回族自治区石嘴山市：文明花开幸福城》和《宁夏回族自治区石嘴山市龙泉村：龙泉之美，美在文明》，被中央文明办采用推介，在中国文明网刊播并向全国进行宣传展示，属宁夏第一个被展播的全国文明城市。高质量承办 2022 年“宁夏好人”发布仪式，此次活动是深入学习贯彻落实习近平总书记给“中国好人”安徽黄山风景区工作人员李培生、胡晓春重要回信精神，在党的二十大召开前举办的首场宁夏全区道德表彰盛典活动，高质量承办发布仪式工作得到社会普遍认可。

吴忠市紧盯文化强市目标，深入推进文化高质量发展。吴忠市数字文化馆、“吴忠记忆”黄河文化数字非遗展示馆等投入运营，投入 157.8 万元完善基层文化站和村综合文化服务中心服务设施，4 所城市书房完成建设并投入使用。策划开展了“罗山脚下新生活 · 感恩奋进跟党走”等主题展览 12 场次，常态化开展“送戏下乡”、戏曲进校园进乡村等惠民演出 569 场次，让文化热在基层、亮在基层、暖在民心。成功举办“黄河流域生态保护和高质量发展”文化论坛，邀请黄河水利作家协会主席侯全亮、中国社会科学院博导余斌等 11 位专家学者建言献策，共谋发展。统筹推进黄河、长城、长征三大文化公园建设，积极争取中央项目 21 个、资金 3.9 亿元。

固原市赓续红色血脉，打造红色文化新高地，以爱国主义凸显文明建设亮色。深入保护挖掘利用固原红色资源，开工建设长城、长征国家文化公园项目 10 个，全面完成六盘山长征纪念馆“红色基因库”建设项目，制作《红色固原》系列视频 18 集，编印《中国共产党固原历史百年大事记》等地方党史书籍 12 种。充分发挥红色文化资政育人作用，开展“总书记情系西海固”“牢记领袖嘱托、铭记真抓实干”等宣讲活动 2600 余场次，举办“喜迎二十大奋进新征程”固原市首届“红歌汇”，推出《长征故事》等红色文艺作品。传承弘扬红色文化基因，彰显精神文明建设亮色。

中卫市抢抓热点，因地制宜，精神文明建设充满区域特色。开设了“喜迎党的二十大”“二十大时光”“奋进新征程建功新时代”“学习宣传贯彻自治区第十三次党代会精神”等 60 多个专题专栏。开设“黄河之声”专栏，推出学习宣传贯彻党的二十大系列评论员文章、“云宣讲”视频 10 期，被区级媒体多次转载刊发。聚焦“五个示范市”建设、“四大提升”行动、“稳保促”、大漠黄河文化国际旅游节、第五届云天大会、枸杞产业博览会等重大活动、重大主题，及时准确做好相关宣传报道。主动讲好“中卫故事”，配合拍摄党的二十大主题影视剧《我们这十年》之《沙漠之光》、专题宣传片《抹不去的乡愁》等，中宁县大战场农民合唱团事迹被拍摄为乡村振兴主题电影《六谷儿》。

二、2022 年宁夏文化事业工作经验与成绩

2022 年底，中共中央宣传部对第十六届全国精神文明建设“五个一工程”组织工作先进单位和优秀作品进行表彰，宁夏出品的电视剧《山海情》、音乐剧《花儿与号手》、广播剧《中国北斗》、图书《诗在远方——“闽宁经验”纪事》获得“优秀作品奖”，宁夏回族自治区党委宣传部继 2001 年之后再次荣获“组织工作奖”。

这些获奖作品再次证明，只有坚持创造性转化、创新性发展，深入生活、扎根人民，守正创新、潜心磨砺，文艺作品才能获得奖杯与口碑的双赢。

（一）文艺创作发展多有新举措、新成绩

银川市组织优秀文艺作品巡演，大型原创话剧《情系贺兰》等剧目赴北京、山东、辽宁等地，以及在区内完成演出 18 场。创排《山河人家》《幸福的脚步》音乐短剧、舞蹈等各类作品 29 部，组织申报国家艺术基金 2023 年度资助项目 25 个。舞蹈《公婆戏》等 4 部作品荣获宁夏第十届文学艺术奖二等奖，弦鼓说唱《皆大欢喜》入选第八届全国少数民族曲艺展演，杂技《巍巍贺兰 · 峭壁精灵》成功入围第十一届中国杂技金菊奖全国杂技比赛决赛。

石嘴山市聚焦主题开展文艺创作与宣传，建立“文艺石嘴山”新媒体宣传矩阵，开设“我们的新时代”“夜听”“诗与远方”等主题优秀文艺作品展示专栏，发布栏目 129 期，阅读总量达 12 万人次。举办了周一新名家工作室艺术作品展、宁夏民间文艺名家作品展等，累计展览展出 1000 多幅作品。

吴忠市文学艺术创作颇多起色，可圈可点。在宁夏第十届文学艺术奖获奖作品中，吴忠市有近 10 件作品获得优秀作品奖及表演奖。其中，长篇小说《山和梦》获得二等奖，长篇小说《拂晓突袭》《静静的清水河》获得三等奖，报告文学《走出黑眼湾》获得二等奖，散文《远逝的机器轰鸣声》获得二等奖。《高

沙窝脱贫记》获得戏剧类三等奖，兰玲获得优秀表演二等奖。摄影作品《梨园人家》（组照）获得摄影类二等奖，剪纸《壮美 70 年礼赞新宁夏》获得民间文艺类一等奖，微电影《追梦》获得影视类三等奖。广场舞精品《扬鞭再创新辉煌》荣获宁夏广场舞大赛一等奖，入围第十九届“群星奖”。话剧《兰花芬芳》、小品《一家亲》等优秀剧目荣获宁夏群星奖奖项。舞蹈《血脉情》、秦腔小戏《爸爸回来了》、群舞《温暖的记忆》等优秀作品获得宁夏舞台艺术精品创作工程扶持，《青铜峡的传说》《爱有你我他》等 17 部优秀文艺作品入选国家艺术基金资助项目。

固原市注重文艺创作激励机制建设。制定《关于促进全市文艺事业繁荣发展的实施意见》。在泾阳县举办了宁夏骨干作家（散文）培训班，特聘北京外国语大学、宁夏大学及国内、区内知名教授、作家、诗人为学员授课。在西吉县木兰书院举办了红色主题文艺作品创作座谈会，近 30 名作家、文学爱好者参加了座谈。出版《爱情蓬勃如春》《野马尘埃》等个人作品 12 部，90 多人在《花城》《十月》等国内各大报刊发表作品，11 人获得自治区第十届文学艺术奖。马金莲作品《爱情蓬勃如春》获得“华语青年作家奖”短篇小说奖主奖。李方获“荣浩杯”第七届全国微型小说征文二等奖。推出了原创公益歌曲《微光》《移动的长城》《西吉好东西》等 3 首。国画作品《翠微云起图》入选中国美协主办的第三届“香凝如故”美术作品展。摄影作品集《凉山策》出版并入围“2022 年人文社科好书榜”。摄影作品《我的西海固》入围第四届中国民族影像志摄影双年展，这是宁夏摄影人作品首次入围该展。

中卫市用社会主义核心价值观阐释黄河文化的精神内涵，深度挖掘黄河文化价值内核，推出守护黄河根脉系列丛书、视听作品、舞台艺术作品、纪录片。推进音乐党史课《歌声里的民心》、动画片《中卫民间故事》、反映建设乡村全面振兴样板区风貌的电影《六谷儿》等精品力作，打造《丝路驿站》《金沙梦》《三个女红军》《红星向党》等样板节目，讲好中卫黄河故事。创新开展“千名文艺工作者进基层”主题实践活动 70 余场次，确保书同文、语同音、人同心，铸牢中华民族共同体意识。“8·04”“9·20”疫情防控期间，坚持以文化人、以艺通心，开展“艺”起战“疫”、以“艺”抗疫主题活动，创作音乐、诗歌、朗诵、书法、绘画、摄影等群众喜闻乐见的文艺作品 4700 余件，是过去两年文艺创作的总和。

（二）公共文化数字化基础设施和平台建设取得新突破

2022 年，中共中央办公厅、国务院办公厅印发了《关于推进实施国家文化数字化战略的意见》，明确提出了文化数字化建设的目标和任务，“到‘十四五’时期末，基本建成文化数字化基础设施和服务平台，形成线上线下融合互动、立体覆盖的文化服务供给体系”，到 2035 年，“建成物理分布、逻辑关联、快速链接、高效搜索、全面共享、重点集成的国家文化大数据体系，中华文化全景呈现，中华文化数字化成果全民共享”。为贯彻落实党中央的战略部署，自治区第十三次党代会明确提出“实施文化数字化战略”，并出台《关于贯彻落实国家文化数字化战略的实施方案》，确保国家文化数字化战略各项任务在宁夏落地落实。

根据国家文化数字化战略的部署及宁夏的具体安排，吴忠率先发力，公共文化服务数字化基础设施建设成绩显著。数字文化馆、“吴忠记忆”黄河文化数字非遗展示馆、吴忠市图书馆信息化平台及业务智能化管理建设、吴忠市博物馆文物数字化保护与展示提升等项目已全面建成并投入运营，免费向市民开放，极大地满足了群众的文化需求，吸引参观互动群众 30 万余人次。

（三）公共文化空间改造完善、提档升级

推动公共文化服务质量上台阶，提升城乡公共文化空间的建设水平是基础性工作。2022 年，宁夏不仅在完善基层公共文化服务设施上成绩多多，在创新公共文化空间上也亮点多多。

进一步提升基层公共文化设施建设水平。银川市新建“城市阅读岛”10 个、基层综合文化服务中心 20 个。吴忠市利通区胜利镇、盐池县花马池镇等 4 个标准化乡镇文化站和同心县兴隆乡王团村、韦州镇旧庄村等 21 个村综合文化服务中心（文化大院、民间文艺团队）全面完成改造提升，添置了实用文化器材和设备，提升了基层公共文化服务能力。

着力构建新型公共文化空间。在 2021 年，创新拓展城乡公共文化空间就被全国公共文化领域重点改革工作总结部署会议列为重要任务，明确要以构建公共文化新型空间为抓手，在建设标准、设施布局、建设主体、功能设置方面进行创新。2022 年，宁夏在新型城市公共文化空间建设上加快脚步，银川市推出“文化艺术空间驿站”，驿站整合在地文化旅游资源，融合打造民艺的温度、荟萃的艺术、阅读空间、演艺培训分享等板块，将不同的文化形式“吹拉弹唱琴棋书画”进行互动体验式集中展示。吴忠建成市图书馆军民融合 24 小时图书阅览室，同心县“豫海城市书房”“清水苑城市书房”4 座城市书房，藏书 2 万余册，同时配备自助借还机、自助办证机等电子设备，进一步丰富了全民阅读服务。中卫市在公园广场、景区社区、学校机关等地累计建成图书馆及分馆、城市阅读书房、24 小时微书房、共享阅读空间 48 个，着力构建覆盖城乡的阅读新空间。

（四）文化惠民更加高效精准

2022 年以来，宁夏坚持以文化人、以文育人、以文培元，持续开展“送戏下乡”“送影下乡”“文化大篷车”等文化惠民活动，提升公共文化产品质量，丰富公共文化产品供给，公共文化服务更加高效，人民群众的文化获得感、幸福感不断提升。银川市开展文化惠民演出 1816 场，举办公益艺术培训班 700 余场次。石嘴山举办“礼赞新时代放歌石嘴山”原创歌曲征集传唱等重点活动 40 余场次，开展“我们的中国梦”——文化进万家等惠民文化文艺演出 189 场次。吴忠组织开展文化惠民活动 700 多场次，受益群众超过 50 万人次，群众满意度为 92%。固原开展“全民阅读 · 书香固原”、“喜迎二十大奋进新征程”广场文艺演出、“群众广场舞大赛”等文化惠民活动 300 余场次，放映农村电影 6000 场次以上。中卫开展“文化大篷车”、“送戏下乡”、百姓大舞台等基层演出 700 余场次，农村数字电影放映 5800 余场次。

（五）非遗传承保护转化取得新成效

银川市制定让文物活起来，提升银川历史文化名城影响力的实施方案。推进玉皇阁、海宝塔文物保护规划和仁存渡口革命文物保护利用方案编制。完成国家文物局执法监测水洞沟、西夏陵、海宝塔、宏佛塔等国家重点文物保护单位“两线”范围内违建问题整改 38 处。

吴忠市扎实推动非遗与旅游融合，积极组织 50 余家次市级以上非遗项目、非遗传承人开展非遗文化和非遗产品宣传推广。举办“非遗进万家 · 文旅展风采”2022 年宁夏黄河流域非遗讲解大赛吴忠市初赛、吴忠市 2022 年“我们的节日”端午节暨“文化和自然遗产日”（非遗购物节）等系列活动，吸引游客过万人次，使非遗走进人们的日常生活。积极应对强降雨等不利天气，在重要节点、节假日开展博物馆和各级文保单位安全生产检查 25 人次，组织动员全市开展重点文物和文物建筑安全专项检查及整改工作，确保了各类文物安全，铸牢文物安全防线。认真梳理修订吴忠市重点文物保护单位、革命历史类纪念设施、红色文化遗址、石窟寺、名碑名刻文物资源等名录体系 6 个，建立完善了全市文物保护体系。

固原市进一步完善全市非物质文化遗产代表作名录，评定市级非遗代表项目 22 个，成功举办“文化和自然遗产日”宁夏主会场宣传展示系列活动。

中卫市加强黄河文化遗产研究利用，推动黄河文化遗产资源搜集整理，对古建筑、古镇、古村等农耕文化遗产和引黄古灌区、古渡口、治河技术等水文遗产进行保护传承，推动黄河文化遗产的活化利用和传承创新。保护地方特色戏曲、民俗、传统技艺，古建彩绘、黄羊钱鞭被列入国家级非遗保护项目，道情戏“九进”活动深受群众欢迎。

三、2022 年宁夏文旅产业工作经验与成绩

（一）加快产业项目带动，推进产业融合

2022 年，宁夏深入挖掘资源优势，突出项目抓手，推进全产业融合发展，努力探索文化旅游融合发展的宁夏路径。

聚力培育特色项目，发挥重大项目的带动作用。近年来，贺兰山东麓葡萄酒产区以建设国家葡萄及葡萄酒产业开放发展综合试验区为契机，扎实推进贺兰山东麓葡萄酒廊道建设，积极探索文旅与葡萄酒产业融合新模式，致力将葡萄 IP 打造成为多业态融合、高综合产值的复合产业。2022 年，成功举办中国（宁夏）国际葡萄酒文化旅游节，向外展示了宁夏葡萄酒文化旅游产业融合发展成果。宁夏贺兰山东麓葡萄酒产业园区也被命名为第六批“绿水青山就是金山银山”实践创新基地。目前，宁夏酿酒葡萄种植基地占地面积 58.3 万亩，是我国最大的酿酒葡萄集中连片产区，超过全国种植面积 1/3。现有酒庄和种植企业实体 228 家。生产葡萄酒 1.36 亿瓶，占全国葡萄酒产量的 37%，综合产值 342.7 亿元，酒庄年接待游客超过 135 万人次。“全产业发展、全业态融合、

全体系建设、全媒体营销”宁夏模式和融合路径逐渐显现。

创新推进全产业融合，文旅新业态不断涌现。宁夏大力支持文旅产业与休闲康养、数字信息、电子商务等产业的融合，以创新打破产业壁垒，新业态不断涌现。石嘴山市倾力打造石炭井中国现实主义题材影视拍摄基地、西部地区有影响力的影视基地，国庆档广受关注的《万里归途》就在此拍摄，成功“带红”石炭井工业文旅小镇。中卫市努力探索文化事业与文旅产业的融合，将“书香”融入景区，打造了沙漠大客厅、沙漠图书馆，将公共文化空间赋予旅游功能，拓展形成新型公共文化空间，得到游客的一致好评。

创意赋能文旅融合产品，丰富优质文旅产品供给。宁夏博物馆等文化文物单位依托馆藏资源优势，成立文创产品设计研发团队，将年轻时尚元素注入文创产品中。2022年，宁夏博物馆以“琉璃鸱吻”为基本设计元素，跨界美食领域，推出杧果、抹茶、蜜桃3种口味的文创雪糕，受到年轻消费群体的青睐。截至目前，宁夏博物馆共开发文创产品15个系列，64个种类，近千款产品，馆藏文物以新颖别致形象展现在受众面前，文物在融入人民生活中“活起来”。

（二）挖掘在地文化特色，文旅品牌更加响亮

自治区第十三次党代会将文化旅游产业列为“六优”产业之首，着力建设“一核、两带、三片区”文化旅游产业发展格局，推进差异化发展。五市坚决贯彻落实自治区第十三次党代会精神，结合发展实际，凝练本地文化的特色亮点，形成各具特色的文化旅游品牌，差异化发展格局逐步形成。

银川市围绕“贺兰山下、黄河两岸、长城内外、葡萄园里、稻渔空间”特色旅游资源优势，制定印发四季旅游活动实施方案，着力打造“爱上银川·四季可游”文化旅游品牌。2022年，成功举办“一山一河”文化旅游节、第三届乡村文化旅游节、文化旅游创意节、市民文化艺术节、宁夏黄河流域非遗讲解大赛等品牌节会20余场，开展温泉养生、红酒巴士、户外露营等主题旅游活动23项，进一步激发文旅市场活力。

石嘴山市结合“塞上煤城”、工业城市的底蕴和特色，整合区域内文化、旅游资源，大力发展工业文化旅游。先后承办“5·18国际博物馆日暨宁夏长城保护宣传日”等自治区大型文旅活动。怀旧石嘴山工业研学游精品线路成功入选文化和旅游部“乡村是座博物馆”主题精品线路之一，龙泉村、硒有田园成功入选“乡村四时好风光”全国乡村旅游精品路线。

吴忠市立足辖区内的非遗资源、美食资源，将“游在宁夏吃在吴忠”品牌擦得更亮。成功举办“2022中国面食博览会暨第二届吴忠早茶美食文化节”，产品销售额达2.15亿元，接待游客15.9万人次。围绕早茶、黄河、星空、酒庄、红色、长城、休闲七大主题推出14条精品旅游线路，举办了黄河金岸文化旅游节暨“5·19中国旅游日”、全国沙滩排球巡回赛（宁夏吴忠站）、第五届牡丹文化艺术节等活动，发放旅游消费惠民券、免费券价值639.5万元。截至11月底，全市接待游客739.19万人次，实现旅游收入44.86亿元。

固原深入挖掘红色文化资源，打造“红色固原”名片。2022年，固原开工建设长城、长征国家文化公园项目10个，大力推进“红色+旅游”“红色+非遗”“红色+文创”融合发展，推出“读长征史、走红军路、登胜利山”红色文旅产品，开工建设将台堡红色民宿村等项目，“清凉固原红色研学游”等3条线路入选全国乡村旅游精品线路，努力打造红色旅游产业集群。

中卫统筹利用区域内的黄河文化资源、沙漠旅游资源，建设“印象黄河”的文旅品牌。推进以“活化黄河印象”为主题的黄河文化传承创新工程，培育了黄河文化物产及非遗文创深度研发、非物质文化遗产项目保护与活化形态创意设计开发等一批特色文化产业项目，推出了黄河瓷、黄河泥陶印、沙石画等“黄河印象”系列文创产品。依托丰富的人文资源，推出大漠追星等沉浸式体验式旅游项目，打造秘境之旅等非遗研学线路。

（三）多措并举，持续刺激文化消费

一是开展惠民促销活动，刺激消费增长。联合中国银联宁夏分公司在国家文化和旅游消费试点城市、国家级夜间文化和旅游消费集聚区开展“百城百区”文旅消费助企惠民行动，整合景区、餐饮、出行、住宿、购物等跨场景行业共同打造多元消费场景，开展让利、打折、满减、优惠券等形式多样的惠民消费活动。自治区文化和旅游厅筹集3000万元资金，通过“线上发放、线下核销”的方式发放四大类六档次“畅游宁夏·文旅惠民”文旅消费券。截至8月初，累计发放消费券20.88万张，承兑8.29万张，直接带动消费2248万元，间接带动文化和旅游消费7000万元。

二是加强宣介，促进市场回暖。举办宁夏“两晒一促”大型文旅推介活动，通过制作“8分钟专题宣传片”、“炫彩60秒”短视频、“经典故事·精品线路”《宁夏日报》专版、搭建“云上文旅馆”网络平台、录制“县长晒优品”访谈节目、推出“宁夏有礼了”公益直播等节目，向全国“晒”出宁夏独特的文旅资源、特有的风物优品，充分展示了各县（市、区）的自然风光、民俗风情、特色风物、人文风韵，综合传播量突破32亿次，扩大了宁夏文旅品牌在全国的知名度和美誉度。宁夏文化和旅游厅携手字节跳动，在抖音及今日头条发起以“塞上江南、神奇宁夏”为主题的系列活动，在抖音端发起“动感体验神奇宁夏”“dou游神奇宁夏”话题挑战赛，并打造神奇宁夏美好目的地100个、开展区内外达人联合探访团等活动内容，创新玩法，带领用户体验宁夏这幅美丽画卷，同时也为宁夏文旅提供了更丰富的内容宣传空间及角度，注入了长效良性发展的量能。各地市也围绕自有文旅品牌，广泛开展宣介活动。银川市开展文旅营销大篷车系列活动，组织优秀旅游企业27家次，锚定河南、山西、广东、福建、山东5省22个城市，推介文化旅游资源和引客入银政策。举办文化旅游消费季等活动40余场，推出精品旅游线路20条，发布“爱上银川”宣传视频100余期，点击量1000余万次，促进旅游市场回暖。固原市聚焦生态文旅特色市建设，制定出台《固原市关于支持精品民宿发展的若干措施》等政策文件，赴福州、温州、银川等地开展“宁静的夏天·凉爽的固原”文旅促销宣传活动60余次，举办火石寨丁香花节、清凉隆德行等特色文旅活动。

历史长河奔腾不息，时代考卷常出常新。经过新时代十年奋力建设的宁夏文化迎来新的征程，面临新的考验。站在新起点，在党的二十大“推进文化自信自强，铸就社会主义文化新辉煌”的光辉引领下，在自治区第十三次党代会的决策部署下，宁夏正朝着建设文化强区的目标昂首阔步、奋勇前进，宁夏文化必将大发展大繁荣。

四、2023年宁夏文化发展展望

党的二十大全面总结了过去五年和新时代十年文化建设成就，提出要“推进文化自信自强，铸就社会主义文化新辉煌”的新任务，昭示着文化建设即将开启新的篇章。自治区第十三次党代会贯彻落实习近平总书记视察宁夏重要讲话和重要指示批示精神，提出“努力打造文化兴盛沃土”的务实之举，为宁夏文化发展擘画新蓝图，指引宁夏文化建设迈上新征程。蓝图已绘就，奋进正当时。站在新起点、新阶段的宁夏文化只要敢于突破瓶颈，勇于守正创新，必将在新征程上取得新成绩。

（一）以文化现代化为抓手，统筹推进文化建设

2020 年 9 月，习近平总书记在教育文化卫生体育领域专家代表座谈会上的重要讲话中强调：“统筹推进‘五位一体’总体布局、协调推进‘四个全面’战略布局，文化是重要内容；推动高质量发展，文化是重要支点；满足人民日益增长的美好生活需要，文化是重要因素；战胜前进道路上各种风险挑战，文化是重要力量源泉。”在以中国式现代化全面推进中华民族伟大复兴的伟大征程中，推进文化现代化至关重要。推进文化现代化，必须坚持以人民为中心的发展思想，深化文化体制改革，有效整合文化资源，打破碎片化的文化管理现状，持续强化文化建设的基础性力量，凝聚文化建设合力，以文化共治推动文化共享，不断激发文化的活力、凝聚力和驱动力。

（二）以人民的美好生活向往为核心，推动文化高质量发展

文化质量高不高，关键在于群众满意不满意、群众喜爱不喜爱。因此，要推动文化高质量发展，最核心的还是要精准满足人民群众的需求。以人民的文化需求为导向推进文化建设，一方面要深入群众了解群众需求，这就能解决公共文化基础设施覆盖质量不高、利用率不高、资源闲置浪费等问题，提升公共文化服务效能；另一方面，要深入群众生活挖掘素材，关怀当下民生，以现代性反思提高文艺作品的思想深度、情感温度、感染力度，推动文艺精品力作不断涌现。以优秀文艺作品提高人民群众的文化获得感和幸福感，提升文化对于社会个体精神情感、审美体验、日常生活等的滋养能力与水平。

（三）以融合为动力，孕育文化新业态

近年来，跨领域、跨行业、跨区域的融合孕育出了许多新业态，产生了许多发展机会。从全国来看，以互联网、数字技术等科技创新为要素支撑的“科技 + 文旅”正蓬勃发展。于宁夏而言，要紧抓新业态不断涌现的机会，着力推动文化与数字信息、葡萄酒、枸杞、电子商务、会展博览等宁夏“六新六特六优”产业融合发展，推动文旅康养、研学体验、工业旅游等新业态新产品提质升级。

2022 年宁夏法治发展状况与2023 年法治形势展望

李保平

2022 年党的二十大的胜利召开，是我国政治生活中的一件大事，为我们全面擘画了新时期以中国式现代化推进中华民族伟大复兴的共同愿景和实现方略，也对全面依法治国，推进法治中国建设做出安排和部署，是新时期法治建设的纲领性文献和基本遵循。2022 年，在习近平法治思想的指引下，宁夏法治建设取得了重大成果。自治区第十三次党代会明确提出实施依法治区战略，坚决贯彻习近平法治思想，坚定不移走中国特色社会主义法治道路，坚持依宪行政、依法执政、依法行政共同推进，法治宁夏、法治政府、法治社会一体建设，全面推进科学立法、严格执法、公正司法、全民守法，不断提高运用法治思维和法治方式深化改革、推动发展、化解矛盾、维护稳定、应对风险的能力，在法治轨道上加快推进治理体系和治理能力现代化。正是在全面贯彻党的二十大精神，以习近平法治思想为指导，实施依法治区战略的推动下，2022 年法治宁夏建设取得了积极成果，维护了社会大局稳定和社会公平正义，为宁夏经济社会发展和社会和谐提供了坚强的法治保障。

作者简介 李保平，宁夏社会科学院社会学法学研究所研究员。

一、2022 年宁夏法治发展状况

2022 年是宁夏法治建设不断取得成就的一年。全面学习贯彻落实党的二十大报告要求，以《法治中国建设规划（2020—2025 年）》《法治社会建设实施纲要（2020—2025 年）》《法治政府建设实施纲要（2021—2025 年）》为引领，全面实施依法治区战略，法治宁夏建设取得积极成就，迈上了新的台阶。

（一）打造平安宁夏福地取得新进展

2022 年，在以习近平同志为核心的党中央坚强领导下，平安中国建设持续推进，我国已经成为世界上公认的最安全的国家，人民群众的安全感、幸福感空前提升。2022 年，也是平安宁夏建设取得积极成效的重要年份。宁夏紧紧围绕自治区党委和政府关于建设更高水平的平安宁夏安排部署，以党的二十大维稳安保工作为主题主线，以切实增强人民群众获得感、幸福感、安全感为出发点和落脚点，以防范化解影响安全稳定的重大风险为切入点，以市域社会治理现代化、基层社会治理创新、平安创建活动为着力点，扎实做好防风险、保安全、护稳定、促发展各项工作，平安宁夏建设这一“名片”更加亮丽，人民群众安全感、幸福感和满意度进一步提升。宁夏公众安全感连续 12 年保持在 90% 以上，为加快建设黄河流域生态保护和高质量发展先行区、继续建设美丽新宁夏营造了安全稳定的政治社会环境。

1. 深入推进常态化扫黑除恶斗争

健全和完善扫黑除恶组织领导、举报奖励、依法严惩、防范整治等制度机制，充分运用联合办案、交叉办案、提级办理、领导包案、交办督办等形式，建立扫黑除恶与“打伞破网”一体推进的常态化办案模式，推动常态化扫黑除恶斗争走深走实。2022 年，宁夏共打掉涉恶团伙 4 个；纪检监察机关共立案查处涉黑涉恶腐败和“保护伞”问题 13 件，处理 55 人，给予党纪政务处分 33 人，移送司法机关 7 人。

2. 深入开展打击整治养老诈骗专项行动

针对养老诈骗案件持续上升，2022 年 4 月以来，宁夏部署开展打击整治养老诈骗专项行动。专项行动期间，宁夏共办理涉养老诈骗线索 1765 条，查实 109 条，立案 77 件，侦办养老诈骗刑事案件 88 起，破案 82 起，打掉犯罪团伙 6 个，抓获犯罪嫌疑人 77 人。共排查发现涉诈问题隐患 209 个，已整治完成 180 个，对 89 家企业、机构做出行政处罚，罚款 151.31 万元。

3. 深入推进反电信网络诈骗人民战争

针对近年来电信诈骗多发高发态势，宁夏聚焦严重损害人民群众切身利益的电信网络诈骗违法犯罪，召开反电信网络诈骗人民战争工作部署会，建立健全防范、治理、打击“三管齐下”的工作机制，打响为期三年的反诈人民战争。开展以“全民反诈你我同行”为主题的平安建设集中宣传活动，营造反诈人民战争浓厚舆论氛围。2022 年以来，宁夏电信网络诈骗发案数连续 10 个月环比下降，共破获电信诈骗案件 3784 起，同比上升 26.9%；破案率 43.2%，同比上升 20.1%；抓获犯罪嫌疑人 4574 人，同比上升 44.9%；挽回财产损失 7647.8 万元，同比上升 9.6%。

（二）践行全过程人民民主，科学立法持续推进，立法质量效益显著提升

在自治区党委的领导和安排部署下，截至 2022 年 11 月底，宁夏人大常委会共审议法规 19 件，其中制定 4 件、修改 13 件、废止 2 件；批准设区的市地方性法规 5 件，立法质量显著提升，为宁夏经济社会发展提供高质量法治保障。

1. 围绕党委重大决策部署，持续提高立法质效，助推宁夏经济社会发展

制定了《宁夏回族自治区建设黄河流域生态保护和高质量发展先行区促进条例》。打造黄河流域生态保护和高质量发展先行区是习近平总书记赋予宁夏的时代重任，为“先行区”立法，是宁夏人大常委会 2022 年度立法任务的“重头戏”。为营造稳定、公平、透明、可预期的营商环境，制定出台《宁夏回族自治区优化营商环境条例》，全面修订《宁夏回族自治区中小企业促进条例》《宁夏回族自治区枸杞产业促进条例》《宁夏回族自治区节约用水条例》《宁夏回族自治区水工程管理条例》《宁夏回族自治区爱国卫生工作条例》《宁夏回族自治区安全生产条例》《宁夏回族自治区烟花爆竹安全管理条例》《宁夏回族自治区土地管理条例》，打包修改了《宁夏回族自治区道路交通安全条例》等 8 件法规，同时废止了《宁夏回族自治区劳动合同条例》《宁夏回族自治区预防职务犯罪工作条例》。《宁夏回族自治区固体废物污染环境防治条例》已由宁夏回族自治区第十二届人大常委会第三十八次会议审议通过。上述立法（修法）注重制度机制创新，切中体制、机制障碍和制度瓶颈，体现时效性，为助

推先行区建设提供了高质量法治保障。

2. 贯彻落实全过程人民民主理念，不断完善立法工作机制和方法

发挥人大在立法中的主导作用，扎实制定年度立法工作计划，强化落实机制。宁夏人大常委会紧紧围绕宁夏经济社会发展需要，在广泛征求意见、认真梳理代表议案建议、深入调查研究、反复论证协商的基础上，完成年度立法计划编制工作。为使立法更加接地气，反映基层人民群众的呼声，加强了基层立法联系点建设，推动全过程人民民主实践。截至目前，宁夏人大常委会法工委共设立21家基层立法联系点，覆盖5个设区的市社区、企业、院校、律师事务所等机构，形成以基层立法联系点为核心，以立法咨询委员会委员、立法联络员、人大代表和立法信息采集点相互联系为延伸的工作格局。统筹立改废释纂，按照党委统一部署，对宁夏现行有效的174件地方性法规和56件法规性决定进行了全面集中清理。截至目前，已审议修订、修正地方性法规41件，废止6件，取得了良好的政治效果、法律效果和社会效果。

3. 以提升备案审查工作质量为抓手，强化人大监督职责

2022年，宁夏人大常委会分别向全国人大常委会、国务院报备地方性法规备案文件23件；收到宁夏政府和设区的市人大、政府报送备案的规范性文件19件，报备率达到100%。创新备案审查形式，开展委托第三方审查。由第三方机构提出初步审查意见，充分发挥专家、学者和法律从业人员的“智库”“外脑”作用，提高了备案审查工作的质量和效率。适应信息化发展的需要，法规规章规范性文件数据库建设实现新突破。2021年6月，全国人大常委会法工委将广东、浙江、重庆、宁夏确定为省级法规规章规范性文件数据库建设的示范地区，经过一年多的努力，现已基本完成了数据库建设示范任务。

4. 设区的市立法水平显著提高

2022年，宁夏人大常委会共审查批准设区的市地方性法规5件，其中批准设区的市制定地方性法规3件，修改2件。其中，石嘴山市制定了《石嘴山市城市公园管理条例》，固原市制定《固原市城市市容管理条例》，中卫市制定《中卫市养犬管理条例》，银川市修订了《银川市城市供热条例》。这些立法都是立足小切口和民生实际，与以往相比，质量效果显著提升。

（三）推进落实《宁夏回族自治区法治政府建设纲要（2021—2025 年）》，法治政府建设全面提速

2022 年，宁夏紧紧围绕实施全面依法治区战略，以落实《宁夏回族自治区法治政府建设纲要（2021—2025 年）》规定的各项任务为抓手，推动宁夏法治政府建设全面提速。

1. 加强督察考核，压紧压实各方责任

坚持把法治建设纳入宁夏党委年度督查检查工作计划稳步推进，优化法治建设效能目标管理考核细则，法治考核分值在效能目标管理考核中的分值比重不断提高。

2. 不断深化法治政府建设示范创建工作，组织开展第二批宁夏法治政府建设示范创建活动

经宁夏党委依法治区委员会办公室第八次会议研究，评选出石嘴山市、灵武市，宁夏市场监督管理厅、药品监督管理局为第二批宁夏法治政府建设示范地区（单位），银川市“多措并举打造村（居）法律顾问‘银川品牌’”等 11 个项目为法治政府建设示范项目。银川市兴庆区被命名为第二批全国法治政府建设示范地区。

3. 落实行政机关负责人出庭应诉工作，发挥司法监督作用

印发了《关于全面深入推进行政机关负责人出庭应诉工作的若干意见》，建立行政败诉案件分析报告和行政败诉、不履行生效裁判通报等制度，倒逼依法行政责任落实。2022 年前三季度，宁夏行政机关负责人出庭应诉率达 86.94%，其中 10 个市、县（区）和 7 个区直部门（单位）达 100%。加快推进行政争议协调化解中心建设，19 个市、县（区）建立了行政争议协调化解中心，石嘴山市、固原市实现市、县两级行政争议协调化解中心全覆盖。

4. 行政决策水平有效提升

建立政府常务会议会前学法常态化制度，2022 年 10 月底前，会前讲法学法 6 次；27 个市、县（区）政府常务会议会前学法 172 次，区直部门（单位）定期学法 184 次。将合法性审查作为重大行政决策的必经环节，凡提请政府常务会议审议的重要议题，由政府或政府办公厅（室）下发的文件，都必须进行合法性审查，截至 10 月底，宁夏各级法制审核部门共审查各类文件、协议

3676件。出台《宁夏回族自治区重大行政决策事项目录编制指引（试行）》，明确了重大行政决策的事项范围、编制程序、责任分工等，以事项目录化推动决策程序落实。宁夏回族自治区人民政府连续3年向社会公布宁夏政府重大行政决策事项目录，已确定的40项重大行政决策事项，均经过了公众参与、专家论证、风险评估、合法性审查和集体讨论决定必经程序。建立健全重大行政决策跟踪反馈制度，对《宁夏回族自治区廉租住房和经济适用住房保障办法》开展决策后评估工作，切实将决策后评估结果作为调整重大行政决策的重要依据，推进重大行政决策科学化、民主化、法治化。

5. 行政执法改革持续推进，公正文明执法成为新常态

编制宁夏《重大执法决定法制审核目录清单》，公布宁夏本级行政执法主体81个，宁夏各级执法机关配备法制审核人员1241人，占行政执法人员总数的5.13%。开展行政执法人员资格全面清理工作，“无证执法”现象基本杜绝。全面落实裁量权基准制度，开展行政处罚案卷评查评议活动，纠正执法不规范、程序瑕疵等问题148个。编印《宁夏执法案例汇编》，公布行政执法优秀案卷20个，以案卷评查促执法质效提升。强化资格证件管理，对7730名执法人员统一换发制式服装和标志。开展食品安全专项整治，检查食品生产经营主体6.58万户次，完成食品抽检5016批次，查处食品违法案件721件，罚款482.51万元；销毁各类过期药品近35万件，检查特种设备生产使用单位3182家，发现并消除安全隐患1485处；开展“携手清四乱保护母亲河”“黄河干流中卫段取水工程整治”“防汛保安、地下水”等专项行动，黄河流域乱占、乱采、乱建等6013个突出问题得到整治，查处水事违法案件37件，罚款81.4万元。推行说服教育、劝导示范、警示告诫、指导约谈等柔性执法，积极探索包容审慎监管模式，努力实现宽严相济、法理相融，让执法既有力度又有温度。印发宁夏总体应急预案和16部灾害事故应急预案，建立“1+1+4”应急管理组织指挥机构，搭建“1+41+7”预案框架体系，科学处置“6·21”“7·11”强降雨等灾害，应急管理领域法治保障能力持续强化。

（四）践行司法公正，维护社会公平正义，以高水平司法护航高质量发展

司法被认为是维护社会公平正义的最后一道防线，让人民群众在每一个司法案件中都感受到公平正义是司法工作永恒的追求。

1. 全面落实党对司法工作的绝对领导，把政治建设摆在司法工作的首位

人民法院坚决贯彻党中央决策部署和宁夏回族自治区党委工作要求，围绕“强主责、护稳定、迎廿大”工作主题，出台《关于争做平安宁夏建设者的实施意见》《关于争做法治宁夏先行者的实施意见》《关于争做公平正义守护者的实施意见》，奋力推动新时代法院工作高质量发展，推进更高水平平安宁夏、法治宁夏建设。人民检察院牢牢把握检察机关的政治属性，自觉把党对检察工作的绝对领导贯穿履职始终。认真抓好《中国共产党政法工作条例》贯彻落实，主动进行全面自查并自觉接受宁夏党委和中央政法委督查，认真组织开展“回头看”工作，及时发现并扎实整改问题，形成长效机制，确保《中国共产党政法工作条例》的具体要求在检察机关落地落实。2022 年 1—10 月，向宁夏党委请示报告 15 次，向宁夏党委政法委请示报告 18 次。

2. 以优质司法，维护社会和谐稳定，助力高质量发展

依法惩治各类刑事犯罪。2022 年 1—10 月，宁夏法院共受理各类刑事犯罪案件 7786 件，审结 6883 件，结案率 88.4%。依法严惩渗透颠覆破坏、暴力恐怖、民族分裂、宗教极端等犯罪，依法审结栾某某颠覆国家政权、周某某宣扬恐怖主义等案件。始终保持惩治腐败高压态势，依法审理戴向晖、魏耀东、徐庆、濮实等重大职务犯罪案件。深入开展“反诈人民战争”，深入开展打击整治养老诈骗专项行动，切实维护人民群众合法权益。人民检察院依法履行法律监督职能，2022 年 1—10 月，批准逮捕各类犯罪嫌疑人 1628 人，提起公诉 5604 人。依法行使侦查权，立案查办司法工作人员相关职务犯罪 8 人。深入贯彻“少捕慎诉慎押”刑事司法政策，最大限度减少、转化社会对立面，促进社会内生稳定，不批准逮捕 1370 人，不捕率 45.7%；不提起公诉 2231 人，不诉率 28.47%；开展羁押必要性审查案件 940 人次，诉前羁押率 21.24%。

3. 关注民生福祉，充分发挥司法定分止争和维护社会大局稳定的职责

人民法院全面准确适用《民法典》，妥善审理好涉教育、医疗、养老、育幼、住房、劳动争议、社会保障等群众关注的热点难点案件。2022 年 1—10 月，共受理各类民事案件 155325 件，审结 131932 件，结案率为 84.94%。人民检察院深入贯彻《信访工作条例》，对 770 件群众来信实现“件件有回复”，开展信访积案清理和集中治理重复信访“回头看”活动，院领导包案办理首次信

访166件，化解重复信访积案43件，对1728件案件组织公开听证，促进矛盾纠纷源头预防和排查化解。聚焦人民群众“舌尖上”“脚底下”“头顶上”“钱袋子”“邮包里”的安全，深化“公益诉讼守护美好生活”、高层建筑二次供水安全整治、窨井施工管理等专项监督，立案办理食药安全领域公益诉讼案件156件，同比上升6.1%；开展道路交通安全公益诉讼专项监督活动，依法监督相关部门整治各类道路沿线运行环境及生态环境；积极参与“反诈人民战争”，深入推进“断卡”行动，起诉电信网络诈骗犯罪552人；通过召开联席会议、赴企业走访调研检查、督促快递网点纠改安全隐患等方式，努力推动形成寄递安全“防护墙”。

4. 强化生态司法保护，助力美丽宁夏建设

宁夏法院2022年1—10月新收一审环境资源案件2503件，审结2365件。建立健全协调联动机制，宁夏高级人民法院与宁夏回族自治区人民检察院、宁夏回族自治区公安厅联合出台《关于环境资源刑事案件集中管辖的意见》，中卫市沙坡头区法院与甘肃省白银市白银区人民法院签署审判协作框架协议，中卫中级人民法院联合相关单位出台《关于建立生态环境和资源保护行政执法与司法联动工作机制的意见》，在涉案企业环境污染修复地设立环境司法警示教育基地。人民检察院跟进落实《中华人民共和国黄河保护法》，建立健全水行政执法与检察公益诉讼协作机制，依法起诉破坏黄河流域生态环境犯罪54人，监督移送涉嫌犯罪线索19人，办理生态环境保护领域公益诉讼案件904件，同比上升46.8%。持续开展“黄河干流（宁夏段）取水工程”专项监督，部署开展“自备井”取用水问题公益诉讼专项监督和“水行政执法+公益诉讼”专项监督，强化黄河流域水资源保护，提高水资源集约节约利用能力。

5. 司法责任制综合配套改革深入推进

人民法院全面落实司法责任制改革要求，加快构建系统完备规范高效的司法制约监督体系，持续推进审判权力责任清单和履职指引制度，完善“四类案件”识别监管机制，举办宁夏三级法院“四类案件”监管系统操作培训班，压紧压实院庭长监督管理责任。定期分析研究审判执行工作态势，着力提升一审服判息诉率、二审终结率和再审终局率。充分发挥专业法官会议、审判委员会作用，促进疑难复杂案件妥善审理。人民检察院深入推进检察改革任务落实。积极适

用认罪认罚从宽制度，刑事案件认罪认罚适用率 90.48%、确定刑量刑建议法院采纳率 98.47%、一审服判率 95.85%。完善入员额领导直接办案管理办法和检察官业绩考评机制，常态化开展案件质量评查，立足业务指标抓实科学管理，形成正向激励，172 名入员额检察院领导办案 4670 件，占案件总数的 13%。

（五）公安改革扎实推进，公安执法规范化水平不断提升

1. 政治建警成果显著

2022 年，宁夏公安机关始终坚持以习近平新时代中国特色社会主义思想为指导，深入学习贯彻习近平法治思想，特别是习近平总书记关于新时代公安工作的重要论述，贯彻落实新时代党的建警治警方针，牢牢把握对党忠诚、服务人民、执法公正、纪律严明总要求，坚持统筹发展和安全，以政治建设为统领，以全面深化公安改革为动力，全力以赴防风险、保安全、护稳定、战疫情、促发展、惠民生，为宁夏经济社会发展创造了安全稳定的政治社会环境。发挥党委理论学习中心组学习、支部“三会一课”、公安大讲堂、专题研讨等多种平台作用，深入学习贯彻习近平新时代中国特色社会主义思想、习近平法治思想、党的二十大精神和习近平总书记重要讲话和指示批示、重要训词精神，研究制定宁夏回族自治区公安机关《关于贯彻落实自治区第十三次党代会报告分工任务实施方案》《服务保障宁夏经济工作的任务分工方案》，压实工作责任，确保落地落实，坚决做到党中央有部署、自治区党委有安排、公安机关有行动。始终牢记“五个必须”，严防“七个有之”，坚决同一切违背和损害“两个维护”的言行做斗争，全面彻底肃清流毒影响，坚定自觉忠诚核心、拥护核心、跟随核心、捍卫核心。

2. 履行公安职责，维护社会稳定和政治安全

坚定不移贯彻总体国家安全观，强化底线思维，发扬斗争精神，始终把防范政治安全风险置于首位，严密防范、严厉打击境内外敌对势力各类渗透颠覆捣乱破坏活动。推动出台《关于新形势下加强反恐怖工作的实施意见》，完善反恐怖防范标准体系，扎实开展严打暴恐活动、网络暴恐音视频等专项行动，持续保持涉恐案事件“零发生”。依法严厉打击非法宗教和邪教组织违法犯罪活动，运用法治思维和法治方式处理民族宗教领域矛盾和问题，全力确保民族宗教领域安全稳定。组织开展“净网”行动，依法打击治理网络谣言和有害信

息，健全并落实网络安全等级保护、关键信息基础设施安全保护等制度措施，全力营造安全清朗网络空间。2022 年以来，打掉黑恶势力犯罪团伙 4 个，抓获犯罪嫌疑人 43 人。宁夏刑事案件发案数连续 3 年下降，杀人案件连续 5 年保持全破，“八类”主要刑事案件破案率达到 96.8%，抢劫、抢夺案件破案率达到 100%，电信网络诈骗案件发案数下降至近 3 年最低值，现有吸毒人数下降至历史最低值。

3. 做好重大活动、重大事件安保维稳工作

针对 2022 年大事多、喜事多的现状，宁夏公安坚持“万无一失、一失万无”标准和“精致、细致、极致”的作风，主动靠前工作，系统前瞻谋划，制定方案预案，优化圈层防控措施，强化关键点位防护，严密人车检查流程，严格周边巡逻防控，备足应急处置力量，依法规范文明执勤，圆满完成一系列重要会议、重大活动、重要节日的安全保卫任务，最大限度减少对群众正常工作生活的影响，着力实现安全效果和政治效果、社会效果的有机统一。全力抓好疫情防控。严格落实“外防输入、内防反弹”总策略和“动态清零”总方针，将疫情防控工作融入公安机关日常工作，持续完善与卫健、交通、通管等部门和口岸地联动对接机制，坚持抓牢两个“第一例”，高效稳妥处“4·06”“4·24”“8·04”“9·20”等突发疫情，全力做好人员转运、检疫站点查控、高风险小区（村）封控管控“三项重点工作”和境外疫情防控工作，积极配合做好流调溯源、秩序维护等工作，依法严厉打击涉疫违法犯罪活动，有效服务宁夏疫情防控大局。

4. 深化公安改革，夯实基层治理基础

深入贯彻落实宁夏加强基层治理“1+6”政策文件精神，制定改革和加强派出所工作“两年规划”，警务室规划建设完成率达 90.8%，派出所民警与县级公安机关民警、社区民警与派出所民警占比达 45.18%、48.55%，派出所所长进班子率达到 100%、社区（村）民警（辅警）进班子率达到 72%，社区民警提供线索破案数同比上升 68.7%，“一室两队”“一警多能”两种勤务模式全面推开。开展“为派出所办实事”活动，制定推行 43 件为基层减负举措，有效激发基层工作活力。持续深化公安“放管服”改革，建立健全“365 天 ×24 小时”公安政务服务受理办理机制，公安实体窗口非工作日办件量增长 30%。加强警企共建，护航企业发展，建立常态化联系服务企业工作机制，全

面落实服务企业 10 项任务举措，制定出台便民利企举措 39 条，协调解决企业群众诉求 160 件。全面推行“严管轻罚”执法举措，轻微交通违法行为免除罚款 2400 万元。加速“宁警通”扩能升级，推动“无犯罪记录证明”等 7 个事项全程网办，公安交管互联网综合服务排名全国第 3 位。持续深化公安大数据智能化建设应用，加快智慧警务建设。颁布实施《宁夏公安视频图像智能化建设应用三年计划》，优化升级移动警务终端功能，上线运行数字警务超市系统，建立态势感知、可视分析、数据建模三大功能模块，研发搭建各类数据模型 700 余个，新建改建视图采集设备 5000 余路，基本形成宁夏公安大数据智能化应用新生态，更好地赋能决策指挥、风险管控、精准打击、基础工作和“放管服”改革，有效提升了警务运行效能和核心战斗力。

（六）法治社会建设取得实实在在的成果，法治宁夏根基更加牢固

1. 基本建成覆盖城乡的公共法律服务体系

公共法律服务体系建设更加完善。印发《公共法律服务护航黄河流域生态保护和高质量发展先行区建设专项行动实施方案》《推进公共法律服体系建设实施方案》，整合宁夏公共法律服务人才资源，组建大中专院校法律援助志愿者团队，建立公共法律服务人才库，推进公共法律服务进园区，成立宁夏首个工业园区公共法律服务中心。组建公共法律服务团，建立参与政府重大决策、重大事项、重大实践维权机制，为重大案件善后提供法律咨询、维权指导、指派辩护等工作。公共法律服务体系建设首次被写入宁夏党代会报告。上线运行宁夏智慧法律服务调度管理平台，实现一台多端、数据融合、协调联动。推进“12348”法律咨询热线与“12345”市民热线归号并线，累计解答法律咨询 11 万余条，同比增长 35%，群众满意率达 98.4%，法律服务网在线咨询 2300 余条，留言咨询 2100 余条，群众满意率达 99.1%。印发《监狱法律援助工作办法》《加强残疾人司法保护的实施方案》等，实行法律援助经济困难告知承诺制，全面推行法律援助异地协作机制，实现法律援助宁夏通办。上门办理法律援助案件 257 件，异地协作办理 82 件，累计办理法律援助案件 14800 余件，援助人数 19000 余人，挽回经济损失 1.8 亿元。在全国法律援助案件质量评估中，宁夏通过率 100%，优秀率全国第四。在全国率先出台《深化公证体制机制促进公证事业健康发展的实施意见》，将“最多跑一次”公证服务事项从 48

项增加至70项，推广线上公证服务模式，开通公证云等网络服务平台，实现4项“跨省通办”，22项高频公证事项“线上办、马上办”，梳理制定73项高频公证事项证明材料清单，位居全国前列。宁夏3家公证机构被司法部遴选为参与海外远程视频公证试点。贯彻落实司法部关于“每名律师每年提供至少50小时的公益法律服务”的要求，推动将律师参与公益法律服务列入政府购买服务目录，积极拓展律师公益法律服务领域，努力培育一批有特色、叫得响的律师公益法律服务品牌。宁夏公职律师全覆盖工作取得了新突破，石嘴山市率先实现公职律师工作全覆盖目标，建立的“123456工作法”公职律师统筹使用机制得到司法部肯定，并在全国推广。宁夏党政机关法律顾问工作取得了新进展，1692家党政机关，有1246家配备了法律顾问，各级党政机关逐步推动建立以内部法律顾问为主体、外聘法律顾问为补充的法律顾问队伍。

2. 深入开展法治宣传教育，增强全民法治观念

印发《“谁执法谁普法”履职报告评议实施方案》，进一步压实各部门单位普法责任。聘请56名专家学者组建宁夏“八五”普法讲师团，在宁夏开展普法宣传教育。以“民法典进农村”为重点，部署开展“美好生活·民法典相伴”主题宣传月活动。联合财政厅印发《关于进一步加强村（居）法律顾问工作经费保障的通知》，推动村（居）法律顾问工作再上新台阶。宁夏893名法律顾问为2812个村（居）提供各类法律咨询万余件，化解矛盾纠纷千余件，用法治力量保障乡村全面振兴。印发《宁夏“法律明白人”精准培养试点工作方案》，在全国率先探索“法律明白人”精准培养机制，经验做法被《半月谈》杂志宣传报道。累计培养“法律明白人”7.7万人、骨干8675人，争取中央政法转移资金支持宁夏法治文化阵地高质量建设项目21个，宁夏村居（社区）法治文化阵地覆盖率超90%，向司法部推荐申报第九批“全国民主法治示范村（社区）”12个。

3. 加强基层治理，提升基层社会治理法治化水平

印发《宁夏回族自治区基层治理指标体系（试行）》《贯彻落实〈宁夏党委人民政府关于进一步加强基层治理体系和治理能力现代化建设的实施意见〉重点工作任务分工方案》，推动基层治理任务落实。协调6个重点领域治理牵头部门全面总结基层治理“1+6”文件贯彻落实情况，针对瓶颈问题提出意见

建议，形成工作报告报宁夏党委。《宁夏回族自治区坚持在法治轨道上推进基层治理体系和治理能力现代化》被中央依法治国办作为法治政府建设实地督察发现的典型做法予以全国通报推广，宁夏党委主要领导同志给予肯定性批示。组织开展宁夏社区矫正“规范管理年”活动，加强社区矫正机构建设，宁夏三级社区矫正机构实现全覆盖，完成 5 个县区部级“智慧矫正中心”申报和网上考核验收工作，指导 7 个县区开展部级“智慧矫正中心”创建工作，不断强化科技支撑。指导各地开展“调解九进服务万家”活动和“调解促稳定喜迎二十大”专项行动，指导新建立调解组织 247 个，宁夏现有各类人民调解组织 3868 个，同比增长 7%。不断健全完善诉调对接、访调对接、警调对接工作机制，共设立诉前调解组织 28 个、信访事项调解组织 70 个、派驻公安派出所调解室 67 个，建成一站式调解中心 239 个。各类人民调解组织排查矛盾纠纷 11 万余次，化解矛盾纠纷 4.5 万件，成功率 96% 以上。宁夏“塞上枫桥”经验做法被中央依法治国办作为法治政府建设实地督察发现的典型做法予以全国通报推广。目前，宁夏 2842 个村（居）配备 893 名律师担任村（居）法律顾问，提供各类法律咨询万余件，化解矛盾纠纷千余件，让群众形成办事依法、遇事找法、解决问题用法、化解矛盾靠法的良好法治环境，零距离为群众提供法律服务。2021 年以来，宁夏村居法律顾问共办理 17413 件法律事务，提供 44308 小时法律服务，开展 3474 场普法宣传，参与调解矛盾纠纷 2164 次，协助村居“两委”起草、审核修订村规民约等 1346 件，为村居民提供法律咨询等 51461 次，取得良好社会效果。

4. 充分发挥领导干部在法治宁夏建设中的示范带头作用，努力在全社会形成尊法学法守法的氛围

开展为期半年的行政应诉突出问题专项治理，印发《关于开展宁夏行政应诉突出问题专项治理的实施方案》《关于全面深入推进行政机关负责人出庭应诉工作的若干意见》《宁夏回族自治区行政败诉案件过错责任追究办法》，充分发挥各级行政机关和司法机关联席会议机制作用，细化对行政应诉工作的考核指标，开展行政纠纷诉源治理，有力促进行政争议实质性化解。2022 年前三季度，宁夏行政机关负责人出庭应诉率为 86.94%，其中 10 个市、县（区）和 7 个区直部门（单位）为 100%。宁夏行政应诉败诉率为 16.17%，低于全国平

均水平（19.82%），排名由全国第 18 名降至第 28 名。行政机关和领导干部带头尊法学法守法，对引导全体人民做社会主义法治的忠实崇尚者、自觉遵守者、坚定捍卫者，发挥了重要的作用。

（七）法治智库建设为法治宁夏建设提供了高质量的政策建议，发挥了咨政建言、下情上达的重要作用

1. 坚持法学会工作正确的政治导向，做好服务保障工作

全力推进各级法学会和研究会党组织建设。银川市金凤区、吴忠市红寺堡区法学会率先成立党组织，创新推动所属 9 个研究会成立了党支部，确保党中央、自治区党委和党委政法委决策部署落细落实落到位。印发《关于全区法学会系统认真学习宣传贯彻党的二十大精神的通知》《关于认真学习宣传贯彻习近平总书记视察宁夏重要讲话和指示批示精神的通知》等，推进党的二十大报告和总书记重要讲话和指示批示精神学习宣传贯彻；组织全区法学法律界学习贯彻党的二十大、自治区第十三次党代会精神，开展习近平法治思想研究，召开座谈会、专题培训班多场（次）。

2. 法学研究成绩斐然，很好发挥了法治智库作用

2022 年，宁夏法学会批准 72 项法学研究课题结项。其中，《以科学立法助推宁夏黄河流域生态保护和高质量发展先行区建设的建议》《宁夏认罪认罚从宽制度实施情况及若干具体问题研究》《行政公益诉讼在宁夏的实践及效能研究》《宁夏大调解工作的考察与思考》《“半个立法权”的法律规制与实践研究》《乡村振兴战略背景下的乡村治理法治化研究》等 10 余项研究成果分别得到自治区党委、人大、政府、政协有关领导批示肯定。16 人被聘任为自治区党委法律顾问、人大常委会立法咨询专家委员会委员、自治区人民政府法律顾问，先后参与《宁夏回族自治区妇女权益保障条例》《宁夏回族自治区生活饮用水卫生监督管理条例》等 30 余部立法调研、咨询、论证，参加全面依法治区指标考核评估等工作，咨政建言和服务决策的能力不断提高。组建“宁夏黄河流域生态保护和高质量发展法治智库”，成立“宁夏黄河流域生态保护和高质量发展法治研究会”。“习近平法治思想大宣讲”工作成功入选全区“法治为民办实事”五大项目。全面推行首席法律咨询专家制度，聘任 72 名专家学者进入宁夏首席法律咨询专家库，积极参与党委和政府重大决策论证、重大

风险防控、重大矛盾纠纷调处、重大信访积案化解。

3. 法学研究交流有新突破

举办第八届“中国·民族区域法治论坛”，围绕共同富裕与法治建设、黄河流域生态保护和高质量发展法治保障和乡村振兴战略实施中的重大理论与实践问题，深入开展交流研讨，为不断推动少数民族地区法治建设提供有益的法律支撑。承办第十七届“中国西部法治论坛”，形成了一批具有理论价值和指导实践的智力成果，对西部地区经济社会高质量发展起到了积极的促进作用。举办“法治宁夏论坛”、广泛征集论文1000余篇，既有全国知名学者的创新成果，又有实务部门业务骨干的真知灼见，层次高、质量优，对于推动法治宁夏建设起到了积极促进作用。宁夏大学法学院联合宁夏社科院社会学法学研究所、宁夏社会学会举办“面向新时代乡村振兴与社会治理论坛”。宁夏法学会组织参加“中国法学家论坛”等高端法治论坛，征集论文 500 余篇，36 篇论文获奖。

二、2022 年法治宁夏建设存在的问题

习近平总书记在二十大报告中指出，全面建设社会主义现代化国家，是一项伟大而艰巨的事业，前途光明，任重道远。2022 年，国际形势发生重大变化，逆全球化、单边主义、贸易保护主义开始抬头，世纪疫情又使得发展形势更加复杂多变，不确定因素增多，我国发展进入战略机遇与风险挑战并存阶段。这一切，不但对法治中国建设提出更高要求，也使得法治建设面临许多新的问题与挑战。与全国一样，受国内外经济发展形势和世纪疫情影响，宁夏经济社会发展也面临许多亟待解决的问题，全力拼经济，把疫情造成的损失降到最低是一段时期以来自治区党委、政府的核心任务，法治促进发展和维护社会稳定的压力陡然增加。系统梳理并清醒认识到宁夏法治建设在新的历史背景下所面临的新问题，不仅有利于法治宁夏建设，而且对推动中国式现代化的宁夏实践具有重要意义。

（一）对法治中国建设和实施依法治区战略思想认识不深，行动自觉不够

自治区十三次党代会报告提出宁夏要实施依法治区战略，把坚决贯彻习近平法治思想，坚定不移走中国特色社会主义法治道路，坚持法治宁夏、法

治政府、法治社会一体建设，全面推进科学立法、严格执法、公正司法、全民守法，不断提高运用法治思维和法治方式深化改革、推动发展、化解矛盾、维护稳定、应对风险的能力，在法治轨道上加快推进治理体系和治理能力现代化作为实施依法治区战略的重要内容。这是宁夏党代会报告第一次明确把依法治区与创新驱动、产业振兴、生态优先、共同富裕一起，作为新时期建设社会主义现代化美丽新宁夏的重要任务，具有非常重要的意义和鲜明的法治价值导向。在党的二十大报告中，习近平总书记指出，全面依法治国是国家治理的一场深刻革命，关系党执政兴国，关系人民幸福安康，关系党和国家长治久安。必须更好发挥法治固根本、稳预期、利长远的保障作用，在法治的轨道上全面建设社会主义现代化国家，有助于我们准确把握和理解法治国家建设的重大意义。

1. 对实施依法治区战略在推动宁夏经济社会发展中的作用在一些地方、一些人中还存在模糊认识

改革开放以来，我们是在“一手抓建设，一手抓法制”中推进中国特色社会主义建设的。由于法制不完备，事实上，政策在国家治理中发挥了重要作用。虽然随着法治的不断加强，政策适用的空间也在逐渐压缩，但长期形成的政策路径依赖仍然存在，许多领导干部习惯使用政策工具，且认为好用有效，对法治建设有抵触情绪。面对发展中出现的问题，有些人基于传统思维，认为是法治阻碍了权力的手脚，导致不能放手干事创业，牺牲了效率。因此，对法治建设不认同、有抵触。法治到底是有利于经济社会发展还是相反，实际上历史已经给出了答案。发达国家基本上都是法治国家的事实和改革开放以来我们所取得的巨大成绩，都证明了法治与经济发展的正相关关系。中国超大型国家的历史与现实，也迫切需要法治在国家治理中发挥保障作用。习近平总书记明确指出：法治兴则国兴，法治强则国强。那些认为法治阻碍了发展、牺牲了效率的人，实际上是权力意识在作怪，是思想观念落后的表现。宁夏地处西北地区，长期以来官本位思想影响较大，对法治的适应性低，规则意识不强，一些领导干部习惯搞一言堂，长官意志浓，没有从根本上认识到法治建设的重要性，这也是影响宁夏经济社会发展的影响因素之一。

2. 对法治固根本、稳预期、利长远的保障作用理解不深，落实不够，存在认

识偏差

在党的二十大报告中，习近平总书记用固根本、稳预期、利长远对法治建设的重要作用做了高度准确概括，有利于全面加深对法治建设重要性的认识。固根本是要用法治巩固中国特色社会主义的根本政治制度、基本政治制度和重要制度，构建起中国特色社会主义制度的四梁八柱，以法治方式维护中国特色社会主义制度不褪色、不变质。稳预期是从社会治理角度对法治有利于社会长期繁荣稳定所做的说明。随着社会治理复杂性的增加，人们的预期在社会治理、经济发展中的作用不断增强，所谓信心比黄金还重要就是对预期作用的形象表达。从人类社会治理的经验看，能够给人民带来普遍预期的不是执政者的承诺、政策，而是包括法律在内的法治，与其他规范相比，法律最大的特点是它的稳定性和权威性，这是任何其他规范无法比拟的。利长远是对法治有利于国家长远利益所做的说明。不管是物质利益还是精神利益，利益都是社会的聚合剂，大到国家社会，小到家庭、社会组织、市场主体，利益都在其中扮演了非常重要的作用。有利益就有追逐，有追逐就需要满足。但利益有眼前利益，也有长远利益，有根本利益，也有局部利益，国家存在的价值之一就是对利益的区分与分配，兼顾长远利益与短期利益。在利益的分配中，历史上习俗、道德、政策等规范都是利益分配的依据，但在市场经济发展的今天，只有建立法治化的利益分配制度体系，才能兼顾不同群体的需要，达到利益分配的平衡，才能适应社会发展的需要。完善的社会保障制度的背后，是一系列的法律规范。共同富裕既是道德追求，现实目标，从某种意义上说，也是法治理想。

3. 关键少数以法治理念看待问题，以法治思维分析问题，以法治方式解决问题还没有完全建构起来

习近平总书记非常重视关键少数在法治建设中的作用，提出要发挥领导干部示范带头作用，努力使尊法学法守法用法在全社会蔚然成风。党的十八大以来，随着全面依法治国的推进和法治宁夏建设的提速，宁夏广大干部法治意识、法治观念、法治思维均有较大提升，遇事找法、解决问题靠法的习惯逐渐养成，但也不同程度存在一些问题。在以法治理念看待问题，以法治思维分析问题，以法治方式解决问题上存在一些误区。把法治理念理解为法律理念，对道德、习俗、政策等不同规范在社会治理中的作用和价值缺乏深刻认识。把法治思维

简化为法律思维，把法治方式简单理解为是打官司，习惯引导群众通过诉讼渠道解决问题，致使多元纠纷解决机制存在空转现象，不能很好发挥作用。

4. 习近平法治思想学习研究还没有建立起长效机制，学习活动全覆盖仍有盲区

理论是实践的先导，不掌握理论，就会在实践中出问题。当代中国法治建设的最大的理论成果就是我们党依据马克思主义的法治理论，结合中华传统优秀法律文化，汲取人类法治文明成果而形成的习近平法治思想。对习近平法治思想的学习研究，是一个长期的、不断深入的过程，党的二十大报告以“坚持全面依法治国，推进法治中国建设”为题，对法治建设进行全面部署，也是习近平法治思想的实践要求。习近平法治思想从提出至今，宁夏社会各界，特别是自治区法学会、宁夏社科院、中共宁夏区委党校、各高校，在学习习近平法治思想中做了大量工作，发挥了重要作用。但总体看，对习近平法治思想的学习研究在深度有待提升，在广度上有待扩面，在长效机制建设上有待进一步建立和完善。

（二）面对新形势新任务，以良法促进发展保障善治还存在一定的差距

党的二十大报告对新时期立法工作做出全面部署，提出新的要求。指出人大立法工作要健全吸纳民意、汇集民智工作机制，建设好基层立法联系点。同时，要进一步完善协商民主体系，强化以立法协商为主的人大协商。要加强重点领域、新兴领域、涉外领域立法，统筹推进国内法治和涉外法治，以良法促进发展、保障善治。推进科学立法、民主立法、依法立法。统筹立改废释纂，增强立法系统性、整体性、协同性、时效性。完善和加强备案审查制度。党的二十大报告关于人大立法工作的重要论述，是指导新时期人大立法工作，推进立法科学化、民主化、法治化的纲领性文件，对指导宁夏立法工作、对照查找立法工作差距具有重要意义。与党的二十大报告提出的要求相比，宁夏立法工作还存在许多不足。

1. 立法草案质量有待进一步提升

质量是产品的生命线，立法质量也是立法工作的生命线，只有良法才能达至善治目标。亚里士多德认为，法治就是良法以及公民对法律的服从。中国古代也提出法令简约、公正无私等要求。由此可见，对高质量立法的追求，是古今中外法治实践的永恒追求。改革开放以来，宁夏地方立法质量稳步提升，基

本满足了经济社会发展的需求，但也存在一些不足之处。在立法质量不高的背后，实际上折射出宁夏法学研究、立法人才、制度机制等方面存在的短板和弱项。实际上，立法人才不足是制约宁夏区市两级人大立法质量的主要原因，而法学人才的不足则直接与法学教育的水平密切相关。从制度机制看，自治区人大常委会组成人员、法制委员会中法学专业人士的不足，直接影响到立法评议、立法草案的质量，进而直接影响立法质量。从宁夏立法工作的实际情况看，部门立法仍然是立法的主要形式，从立法动议到立法调研、论证、起草、审议到立法后评估，社会参与度不高，人民群众参与立法的途径少，立法联系点作用发挥有限。社会即使有参与，往往也是形式大于内容，缺少实质性的参与。

2. 立法创新不足，影响了立法的时效性

立法创新包括两个方面的内容：一个方面是立法规范创新，另外一个方面是立法体制机制创新。这两个方面的创新在实际工作中往往是相互交织在一起的。立法体制机制创新有时直接决定立法创新的水平。宁夏立法创新不足主要表现为对民族地方立法权运用不充分，没有充分发挥民族地方立法权的优势，同时，在宁夏内陆开放型经济试验区、黄河流域生态保护和高质量发展先行区建设立法中，争取全国人大授权立法方面存在不足，没有能够发挥授权立法先行先试的功能，致使“先行区”“试验区”等的建设因为缺少创新规范支持而无法实现制度突破，影响了先行区、试验区建设的质效，削弱了地方立法对改革开放的引领功能。

3. 地方立法的体系化、协同性有待加强

地方立法是一个规范体系，除地方立法外（地方立法也有多种规范形式，如条例、决定、办法等），政府规章、规范性文件都是地方规范体系的重要组成部分。在党的二十大报告中，习近平总书记特别强调要增强立法的系统性、整体性、协同性，就是要解决立法内部的自洽性不足问题。近年来，宁夏加大了对原有地方立法的立改废工作，推进了立法的系统性、整体性和协同性，但仍然存在一些问题。地方立法之间、立法与部门规章之间、立法与规范性文件之间还存在一些系统性、整体性、协同性不足的问题。地方性法规与国家法律、部门规章与地方性法规、规范性文件与地方性法规之间还存在一些冲突，特别是区级人大立法与设区市人大立法在立法内容上如何强化沟通协调、建立相关机制、解决重复立法、突破立法边界问题，是我们面临的重要课题。

4. 存在重立法轻执法的问题

法律的生命在于实施。近年来，宁夏两级立法机构从立法数量来说并不少，但立法得到执行的情况并不乐观，许多立法，特别是设区市立法存在一立了之的现象，立法后评估滞后，执法检查还没有建立常态化监督检查机制，影响了作用的发挥。

（三）法治政府建设还不能满足经济社会发展的需要，依法行政还需要扎实推进

1. 对法治政府建设存在认识误区

党的二十大报告指出，法治政府建设是全面依法治国的重点任务和主体工程。行政权力是与老百姓关系最为密切的公权力，把权力关进制度的笼子，确保权力规范运行，是法治政府建设的重要目标。同时，法治政府建设的好坏，直接决定全面依法治国能否实现。受认识局限、传统文化、路径依赖、利益关系等因素影响，许多党员干部对法治政府建设存在不同程度的模糊认识，对法治政府建设，特别是政府职能转变、行政审批制度改革存在不理解、不适应问题。认为法治捆绑了手脚，影响了行政效率。还有部分领导干部对市场在资源配置中的决定性作用和更好发挥政府作用理解不深，认为两者之间不能兼容，是一对矛盾。实际上，更好发挥政府作用不是权力不受约束地恣意妄为，而是在法治轨道上依法用权。市场经济不是弱肉强食的丛林法则，而是法治经济，也要遵循法治的要求。事实上，正是法治，形成政府与市场的最大公约数，在政府与市场之间搭建起了桥梁和纽带，一手牵两家，共同推进社会主义市场经济健康发展。

2. 重大行政决策程序不够规范，一些决策存在程序空转现象

程序是看得见的正义，程序规定可以有效保障决策的质量，也可以最大限度限制权力滥用，维护行政行为公平公正。但在实际工作中，程序规定的作用发挥得不是很好，有些程序表面上看是得到了执行，但实际上只是在“走程序”，完成了形式合法性，这种情况在部门，尤其基层决策中表现尤为明显。把行政决策的程序规定演化为“走程序”的过程，不但反映出一些领导干部法治意识淡薄，对程序的意义价值理解不深，同时，也反映出具体行政过程中对法治的

变通执行。上面有政策，下面有对策，导致程序被滥用而无法发挥应有的作用，这种人为扭曲法治的现象，极大消解了法治的意义和价值，也滋生了大量的形象工程和腐败现象，是法治政府建设亟须关注并解决的问题。

3. 基层执法存在盲点，行政案件败诉率高，基层不作为、乱作为现象时有发生，人民群众反响强烈

行政执法一直以来都是法治政府建设的软肋，虽然宁夏在贯彻落实“三项制度”和“两随机、一公开”执法模式方面做了大量的工作，取得了积极成效，但总体看来，基层执法仍然是法治政府建设的重点领域，行政案件败诉率高，行政复议变更率居高不下，涉及行政行为违法信访案件层出不穷，官员腐败多发高发，特别是在疫情防控期间，一些官员不作为、乱作为，不担当，习惯于搞层层加码，行政执法简单粗暴，缺乏大局意识，甚至在公务行为中夹杂个人私利，胆大妄为，引起人民群众不满，导致社会对法治政府建设成效评价度普遍走低。如何加强基层执法能力和水平，规范执法行为，修复人民群众对法治的信心，是今后法治政府建设的重要任务。

（四）司法改革有待深入，司法公信力建设需要持续推进

1. 司法责任制综合配套改革有待进一步深化

党的十八大以来，宁夏司法机关按照十八届四中全会要求，持续推进新时期司法体制改革，取得了显著的成效。但司法改革是一项系统工程，需要持续不断地用力，才能达到改革的目的。如果说前期的改革主要解决司法保障、外部对司法的干预、实施员额制等重大问题的话，新时期司法改革渐入深水区，司法责任制综合配套改革和以审判为中心的刑事诉讼制度改革就成为主要内容。由于上述改革任务涉及面广，许多深层次问题逐渐浮出水面。现实中，既要落实主审法官责任制，让审理者裁判，让裁判者负责，同时也要保证司法质效，维护公平正义。如何在制度上保障既能满足主审法官的审判责任，又能保障司法公平公正，是新时期司法责任制综合配套改革的重要任务。

2. 司法公信力有待进一步提升

从某种意义上说，司法改革的终极目的就是要维护社会公平正义，提高司法公信力。但在普通民众看来，司法公信力有更为直接的表现，如司法文书的质量、裁判是否公正、裁判文书是否得到尊重和执行等，都会对司法公信力产

生影响。如何提高司法文书的说理性，依法办案，持续用力解决“执行难”问题，避免法律白条，仍然是司法机关必须面对的重要任务。

3. 司法队伍建设仍然存在不足，司法铁军打造亟须持续加强

法律制定出来以后，法律实施就成为首要任务。在执法环节，人的作用与价值凸显，再好的法律也需要人去实施。经过对政法干部队伍教育整顿，宁夏司法队伍建设质量、素质得到显著提升，但在司法腐败整治、服务意识提升、专业能力素养培育等方面还存在一些问题。在政法干部队伍教育整顿中，宁夏各级法院查纠整改各类司法作风问题 3544 个，追责问题干警 217 人次，宁夏检察机关也刀刃向内，查处多起违规违纪和作风问题案件，说明宁夏司法队伍建设还存在许多不尽如人意之处，作风纪律建设永远在路上。

（五）法治社会建设存在短板弱项，还不能满足人民群众的需要

1. 公共法律服务体系建设存在重建设而轻应用问题

建立公共法律服务体系，一方面是要满足人民群众对法治的需要，提供高质量的法律服务，另外一方面要把矛盾解决在基层，防止矛盾纠纷外溢和扩大化。近年来，宁夏公共法律服务体系建设成绩有目共睹，乡镇司法所建设和“一村一法律顾问”得到落实，极大方便了人民群众的司法需求。但同时也要看到，人民法院受理案件数量持续上升，据不完全统计，2022 年 1—10 月，宁夏各级人民法院共受理各类案件 264668 件，其中刑事案件 7786 件，民事案件 155325 件，行政案件 4123 件，执行案件 95116 件，其他 2318 件。与宁夏 720 万人口总量相比，人案比在全国都处于较高水平。虽然这里有经济社会发展、人民群众法治意识提高所产生的矛盾纠纷，但不可否认的是，大量案件聚集到法院，说明我们基层公共法律服务体系没有能够很好发挥拦截坝、分流池的作用，多元纠纷解决机制建设作用发挥有限。

2. 法治宣传教育创新不足，影响了普法的质效

普法宣传是一个将法律知识、法治观念作为载体，逐渐深入人心的过程。法治宣传教育得好与不好，往往不取决于法律，而是与受众的喜好和需要密切关联，不单纯是一个知识观念传授的问题，也是一个社会的、心理的接受过程。在信息化时代，随着传播方式的转变，传统的方式已经不能适应社会发展的需要，需要不断创新传播载体，丰富传播内容，拓展传播方式，只有如此，法治

才能深入人心。虽然宁夏法治宣传教育近年来取得不俗的成绩，但也存在一些问题。比如对传统普法路径的依赖，受制于普法应用型人才的不足，普法产品形式单一，内容不能引人入胜，使得普法效果受到影响。

3. 基层社会治理行政化、形式主义现象突出，基层自治功能弱化

村民委员会、居民委员会等自治组织已经成为行政末梢，忙于处理上面派下来的工作，根本无暇过问自治事宜，导致基层自治功能弱化，各种形式主义不时出现。党的十九大召开后不久，新华社刊发了《形式主义、官僚主义新表现值得警惕》一文，罗列了六种形式主义、官僚主义在新的时代背景下的新的表现形式：一是光喊口号，不抓落实；二是搞形象工程，爱图虚名；三是弄虚作假，欺上瞒下；四是不了解实情，乱拍脑袋；五是不担当，想当太平官；六是爱摆谱，迷恋权力。上述六种情形，形象地为我们展示了形式主义、官僚主义在新的历史条件下的新表现。

（六）法学研究水平有待提高，法治智库建设和作用发挥亟待加强

1. 法学学科建设相对滞后，影响了法学教育水平和法治人才培养

虽然宁夏社科院设有社会学法学研究所，宁夏大学和北方民族大学都设有法学院，但由于宁夏法学研究基础较弱，学科建设投入不足，法学学科门类不齐全，导致法学学科建设与全国相比仍有较大的差距，影响了法治人才培养的质量，法治研究领军人才不足，对法治宁夏建设产生了一定的负面影响。

2. 法治智库作用发挥不够

智库建设是将社会科学知识转化为党委、政府决策的重要纽带和桥梁，国际上发达国家和国内发达地区都非常重视发挥智库，特别是专业性智库的作用。从宁夏目前法治智库建设情况看，基本都内设在相关单位内，成为单位内设机构的一项职能而发挥作用，还没有建立专业化的独立智库机构和团队，也缺少相应的保障措施，不同程度影响了宁夏法治智库作用的发挥和法治宁夏建设质量的提升。

3. 法治智库转化渠道不健全

法治智库研究成果缺少向党委、人大、政府、政协报送的制度化渠道，致使智库成果转化较慢或者得不到应有的重视。

三、对 2023 年法治宁夏建设的展望

（一）以党的二十大精神为指导，大力实施依法治区战略，充分发挥法治固根本、稳预期、利长远的作用

中国共产党第二十次全国代表大会，是在我国全面建成小康社会，迈向建设社会主义现代化国家新征程关键时期召开的一次具有里程碑意义的会议。习近平总书记代表中国共产党第十九届中央委员会向大会作了题为《高举中国特色社会主义伟大旗帜，为全面建设社会主义现代化国家而团结奋斗》的报告，全面阐述了过去 5 年工作和新时代 10 年的伟大变革和取得的历史性成就，擘画了中华民族伟大复兴的光辉前景，求真务实，闪耀着马克思主义真理光芒，具有深刻历史洞察力和强大实践指导力，是指导我们推进各项改革发展任务的纲领性文献和行动指南，必将鼓舞和动员全党全国各族人民在以习近平同志为核心的党中央坚强领导下，踔厉奋发、勇毅前行，奋力谱写全面建设社会主义现代化国家的崭新篇章。同时，在党的二十大报告中，也对我国当前面临的复杂国内外环境做了充分的分析阐述，指出我国发展进入战略机遇和风险并存、不确定性难预料因素增多的时期，各种“黑天鹅”“灰犀牛”事件随时可能发生，加之世纪疫情的影响，更是增加了未来发展的不确定性。如何在不确定的时代寻找到确定性，维护好确定性，增强发展的动力和信心，历史和现实证明，只有法治才能担此历史重任。全面依法治国，关系党执政兴国，关系人民幸福安康，关系党和国家长治久安。越是面临风险挑战，不确定性越是增加，越需要坚守法治定力，发挥法治固根本、稳预期、利长远的保障作用。2023 年，是全面贯彻落实党的二十大精神的开局之年，也是落实自治区党代会精神的第一年，随着党的二十大精神的学习贯彻，报告中关于坚持全面依法治国，推进法治中国建设的有关要求将得到持续推进和落实，法治宁夏建设将会进入新的历史阶段，依法治区战略也将取得一系列重大成就，让法治成为未来宁夏核心竞争力的重要标志将不仅仅是对坚守法治的宣示，而是一定会实现，也一定能够实现。

（二）以《立法法》修改为契机，践行全过程人民民主理念，不断提高宁夏地方立法的质量

在党的二十大报告中，习近平总书记对人大立法工作做出专门要求，提出

人大工作要加强重点领域、新兴领域、涉外领域立法，推进科学立法、民主立法、依法立法，统筹立改废释纂，增强立法系统性、整体性、协调性、时效性，完善备案审查制度。这些论述，为宁夏地方立法工作指明了方向和路径。另外需要注意的是，《立法法》的修改作为“初次审议的法律案”列入 2022 年度立法工作计划，这是《立法法》时隔 7 年后的第二次修改，这次修订除将习近平法治思想确立为立法指导思想，将全过程人民民主作为立法的基本原则外，在具体的制度设计、立法机制上也有较大的突破，地方立法的重要性和作用将会进一步凸显。我们相信，随着新的《立法法》颁布，宁夏地方立法将会为内陆开放型经济试验区、黄河流域生态保护和高质量发展先行区更好发挥先行先试、制度创新功能提供高质量的法治保障。

（三）深化司法体制综合配套改革，全面准确落实司法责任制，加快建设公正高效权威的社会主义司法制度

公正司法是维护社会公平正义的最后一道防线。努力让人民群众在每一个司法案件中感受到公平正义是一个较高的要求，需要司法机关付出巨大的努力才能完成。2023 年，全区司法机关将深入学习，贯彻落实党的二十大提出的司法改革要求，全面准确落实司法责任制，让审理者裁判，让裁判者负责，通过科学的制度设计，规范司法权力内部运行机制，强化司法权力的外部监督制约体制机制，把权力关进制度的笼子，进一步夯实司法公正的制度根基。2023 年，随着依法治区战略的实施，宁夏司法机关将在保持社会稳定、保障人权和公民财产权、维护市场经济秩序、打造法治化营商环境、强化司法监督等方面持续用力，助力法治宁夏建设，推动中国式现代化的宁夏实践在法治轨道上前行。

（四）弘扬社会主义法治精神，传承中华优秀传统法律文化，引导全体人民做社会主义法治的忠实崇尚者、自觉遵守者、坚定捍卫者

在党的二十大报告中，习近平总书记指出，法治社会是构筑法治国家的基础。历史唯物主义告诉我们，作为上层建筑的法治，不是凌驾于社会之上，而是内生于社会之中，是社会存在决定法治意识，而不是法治意识决定社会存在。人是构成社会的主体，没有人，也就没有社会。正是人的交往关系和生产关系，不但产生了法治的需求，也决定了法治的性质。所以，在法治社会建设中人的作用是第一位的，只有引导全体人民做社会主义法治的崇尚者、遵守者、维护者，法治社会才能建立起来，进而推进法治政府、法治国家建设。2023 年，是实施依法治区战略的开局之年，在党的二十大和自治区第十三次党代会精神的指引下，宁夏法治社会建设将提速升级，基层治理、社会诚信、法治教育、公共法律服务等与法治社会建设联系密切的领域将会有实质性推进，不断夯实法治宁夏建设的根基。

（五）以更高质量的法学研究，助力实施依法治区战略，服务黄河流域生态保护和高质量发展先行区建设

法学研究的水平决定了法治人才的质量，而法治人才的素质又是法治国家建设的决定性因素。因此，加强法学学科建设，提高法学研究水平，不但是宁夏实施依法治区战略的重要内容，也是宁夏实施依法治区战略的重要依托。2023 年，基于对法治人才重要性的认识，宁夏依法治区战略在实施中将会更加重视法学学科建设，更加重视法治人才培养。因此，建议自治区制定依法治区战略实施方案，在宁夏社科院、宁夏大学、北方民族大学等高校研究机构加大法学学科建设的投入，把法学学科作为自治区重点学科来建设，着力培养各类法学人才，强化法学领军人才培养，争取在较短时期内缩短甚至赶上宁夏与区外法学研究水平之间的差距。宁夏社科院是宁夏唯一一家哲学社会科学研究机构，也是宁夏唯一一家在国内外有一定影响的智库。党的十八大以来，宁夏社科院积极推进智库建设，取得了许多研究成果，研究成果多次获得党和国家领导人、自治区领导的肯定性批示，产生了较大的影响。同时，宁夏社科院在智库建设过程中，形成了自己的研究特色，积累了非常丰富的智库建设经验，建议以宁夏社科院为依托，搭建宁夏法治智库，以学科建设和智库建设双轮驱动，推进宁夏法学研究事业取得更大成绩，发挥更大的作用。

奋力谱写美丽新宁夏的壮丽篇章

——2022年宁夏生态文明建设研究总报告

李　霞

生态文明建设是关系人民福祉、关乎民族未来的大计，是实现中华民族伟大复兴中国梦的重要内容。宁夏回族自治区党委、政府高度重视生态文明建设，坚持以习近平新时代中国特色社会主义思想为指导，深入学习党的二十大精神，坚决贯彻习近平总书记视察宁夏重要讲话和重要指示批示精神，牢固树立绿水青山就是金山银山的理念，坚决扛起生态文明建设的政治责任，实施生态优先战略，打造绿色生态宝地，着力推进黄河流域生态保护和高质量发展先行区建设，协同推进降碳、节水、减污、扩绿、增长，不折不扣推进中央环保督察反馈问题整改落实，积极探索“绿水青山就是金山银山”转化路径，全面提升资源生态系统稳定性和生态服务功能。全区生态文明制度体系逐步健全，生态环境质量持续改善，污染防治攻坚向纵深推进，绿色、循环、低碳发展迈出坚实步伐，宁夏贺兰山东麓葡萄酒产业园区、固原市隆德县被生态环境部命名为第六批“绿水青山就是金山银山”实践创新基地。全区生态文明建设发生历史性、转折性、全局性变化，极大地增强了人民群众的获得感、幸福感和安全感。

作者简介　李霞，宁夏社会科学院农村经济研究所（生态文明研究所）副所长，研究员。

一、宁夏生态文明建设取得的显著成效

（一）环境质量明显改善

强化大气、水、土壤污染防治，全区生态环境状况进一步改善。2022年1—10月，全区环境空气质量优良天数比例为84.2%，地级市空气优良天数比例保持在80%以上，五地市及宁东基地空气质量由好到差依次为固原市、中卫市、宁东基地、吴忠市、银川市、石嘴山市；水环境质量总体保持稳定，20个地表水国家考核断面水质优良比例达到目标要求，劣Ⅴ类水体和地级城市建成区黑臭水体全面消除，黄河干流宁夏段水质持续保持“Ⅱ类进Ⅱ类出”，地级城市地表水环境质量由好到差依次为宁东基地、固原市、石嘴山市、中卫市、银川市、吴忠市。土壤环境质量总体保持稳定，土壤环境风险得到基本管控。

（二）绿色转型迈出坚实步伐

以绿色高质量发展为导向，生态环境保护倒逼和促进作用明显增强，产业结构进一步优化。一是新材料、清洁能源产业强劲增长。2021年，全区规模以上工业新材料产业工业总产值比上年增长44.1%，清洁能源产业工业总产值增长42.0%；水电、风电、太阳能等可再生能源发电量485.0亿千瓦时，增长37.7%。二是高技术和装备制造业引领增长。全年规模以上工业高技术制造业增加值增长22.5%，装备制造业增加值增长12.7%，分别比全部规模以上工业增加值增速高14.5个和4.7个百分点。三是互联网经济快速成长。全年网上零售额302.8亿元，增长46.0%，其中，实物商品网上零售额83.5亿元，增长30.4%。快递业务量增长38.9%，快递业务收入增长32.5%，电信业务总量增长32.6%。

（三）污染防治能力日益提高

一是废气治理设施不断完善。工业企业脱硫、脱硝等废气治理设施增加到2871套，火电行业53台燃煤发电机组和13台自备火电机组全部完成超低排放改造；累计淘汰燃煤锅炉2622台、黄标车和老旧车辆14万余辆，城市建成区20蒸吨/小时以下燃煤锅炉基本清零，建成120个热点网格和520个监测微站。二是污水处理能力显著提高。在全国率先完成地表水型集中式饮用水水源地保护专项整治任务，集中式污水处理设施增加到57座，处理规模达到160万立

方米 / 天，全部达到一级 A 排放标准，自治区级以上工业园区废水全部实现集中处理，配套建设人工湿地尾水净化及生态修复工程 45 个，污水处理能力显著提高。建成一般工业固体废物填埋场 68 个，一般工业固体废物基本实现有效处置。化肥农药用量实现零增长，畜禽粪污资源化利用率达到 90%，农作物秸秆综合利用率达到 87%，农用残膜回收利用率达到 85%。三是跨区域、跨流域污染联防联控机制不断完善。签订《宁夏回族自治区、甘肃省跨界流域突发水污染事件联防联控框架协议》和《石嘴山市、乌海市大气污染联防联控合作协议》，建立银川都市圈大气污染防治联动工作机制，推动跨区域跨流域污染防治联防联控。

（四）山水林田湖草沙生态保护修复更加扎实

在全国率先完成生态保护红线划定工作，围绕六盘山、贺兰山、罗山和黄河宁夏段 4 个重点区域，实施了国土综合整治、退化草原治理、生态防护林、湿地修复和露天矿山治理“五个百万亩”生态建设修复治理项目。“绿盾”自然保护区专项行动排查整改完成率达到 99.74%。贺兰山等重点区域生态环境综合整治修复取得阶段性成果，贺兰山东麓山水林田湖草生态保护修复工程项目入选国家第三批试点。宁夏森林覆盖率从 8.4% 提高到 16.91%，草原综合植被盖度达到 56.5%，森林蓄积量达到 995 万立方米，湿地面积达到 311 万亩，湿地保护率为 55%。依托三北防护林、退耕还林还草等国家重点林业生态工程，持续推进大规模国土绿化，重点实施北部绿色发展区防护林及中部防沙治沙、南部水源涵养等工程，完成第六次荒漠化和沙化监测，入选全国首批 5 个科学绿化试点示范省（区），荒漠化和沙化土地面积实现“双缩减”。

（五）生态环境体制机制改革取得重要进展

实施省（区）以下环保机构监测监察执法垂直管理改革和生态环境保护综合执法改革，22 个县（市、区）全部单独设立生态环境部门，生态环境治理基础进一步夯实。颁布修订《自治区生态保护红线管理条例》《自治区大气污染防治条例》《自治区水污染防治条例》等地方性法规，生态环境法规制度体系不断完善。着力落实省级领导包抓机制，建立健全整改工作制度体系，中央生态环境保护督察反馈问题整改成效明显。开展自治区生态环境保护督察，实现“五市一基地”全覆盖，推动解决了一批社会关注、百姓关心的突出环境问题。

生态环境领域行政许可办理时限大幅压缩，“放管服”改革不断深化。自治区生态环境厅、科技厅、公安厅、司法厅等 14 个部门联合发文，明确职责，分工合作，深入推进和规范宁夏生态环境损害赔偿制度改革工作。办理生态环境损害赔偿案件 22 件，生态环境损害赔偿制度不断健全。

（六）生物多样性保护管理水平日益提高

生物多样性是人类赖以生存和发展的基础，是地球生命共同体的血脉和根基，为人类提供了安全的生态环境和别致的景观文化。宁夏高度重视生物多样性保护工作，不断健全生物多样性相关政策法规体系，制定了《宁夏生物多样性保护战略与行动计划（2011—2030 年）》，确定了宁夏生物多样性保护的优先区域、优先领域，建立生物多样性监测、评价和预警制度。建立了自然保护地体系，持续开展生态保护修复，加大生物多样性保护监督和执法力度。截至 2021 年底，全区建立省级以上自然保护区 14 处，保护区面积占全区总面积 10.3%。全区 500 种高等野生动物和 1699 种高等野生植物得到全面保护与有效恢复。宁夏中部重要的生态屏障罗山，物种资源丰富度明显增加，高等植物增至 418 种，野生脊椎动物数量 221 种。世界级濒危物种雪豹再现宁夏贺兰山，红嘴鸥重游宁夏，生物多样性保护工作取得了显著的成效。

二、宁夏生态文明建设面临的严峻挑战

宁夏生态系统脆弱，污染重、损失大、风险高的生态环境状况还没有根本扭转，随着人民群众对清新空气、清澈水质、清洁环境等生态产品的需求越来越迫切，宁夏生态文明建设依然面临着重重挑战。

（一）生态环境保护形势仍然严峻

一是环保基础设施建设管理还存在短板弱项。污水处理能力尚未匹配初期雨水治理要求，再生水回用管网配套难，再生水和污泥综合利用能力有待提升。二是空气质量总体上仍未摆脱“气象影响型”，结构性、季节性、区域性大气污染问题依然突出，大气污染物排放增量压力较大。三是水环境质量仍不稳定。固原市茹河、清水河，石嘴山市沙湖等河湖自净能力弱，水质易受外部条件影响。黄河支流和重点入黄排水沟仍存在非法排污口，部分水源地规范化建设滞后。

四是土壤和地下水污染源头预防压力较大，土壤、地下水区域和场地与地下水污染协同防治不足。

（二）推动绿色转型发展任重道远

以煤为主的能源结构、以能源化工为主的工业结构和以公路货运为主的运输结构短期还难以转变，生态环境保护结构性、长期性的问题仍然存在。倚重倚能问题依然突出，重工业占规模以上工业能耗比重长期在 80% 以上，六大高耗能行业占规模以上工业能耗比重占 90% 以上。单位 GDP 能耗和二氧化碳排放量分别为全国平均水平的 4 倍和 5 倍；水资源粗放利用，万元 GDP 耗水量是全国平均水平的 2.7 倍。

（三）环境治理能力有待提升

一是环境监测监管与信息化建设水平仍需加强。土壤、地下水和农业农村等生态环境监管人员设备不足，监测和执法能力较弱，难以满足监管需要。大宗固废产生量快速增长，综合利用率较低。餐厨废弃物资源化利用处理设施难以满足实际需要。二是生态环境风险隐患日益突出。煤化工等环境风险企业布局性和结构性问题仍然存在，一些高污染企业距离黄河岸线不足 1 公里。垃圾填埋场、工业固体废物堆场等存在环境风险隐患，有的超期超库容运行，部分生活垃圾填埋场未配套建设渗滤液处理设施，渗滤液产生量大且长期积存。沙漠生态保护中的功能分区、地下水污染整治等还有一些不到位。

（四）生态文明建设压力越来越大

随着经济社会发展和人民生活水平提升，人民群众日益增长的优美生态环境需要与滞后的生态产品供给矛盾将长期存在，健全有效的公众参与环保的途径机制日益紧迫。新的环境问题不断显现，人民群众对生态环境质量要求越来越高，环境保护意识和环境维权意识在不断增强，生态文明建设压力也将越来越大。

三、“十四五”时期宁夏生态文明建设的重大战略机遇

（一）习近平生态文明思想深入人心

党的十八大以来，以习近平同志为核心的党中央，以高度理论自觉和实践

自觉，把生态文明建设纳入中国特色社会主义事业“五位一体”总体布局。习近平总书记把生态文明上升到人类文明形态的高度，提出“生态兴，则文明兴；生态衰，则文明衰”；把生态文明上升到中华民族伟大复兴和中华民族永续发展的高度，提出“建设生态文明是中华民族永续发展的千年大计”“根本大计”；把生态文明建设作为我们党贯彻全心全意为人民服务宗旨的政治责任，提出“生态环境是关系党的使命宗旨的重大政治问题”“全党上下要把生态文明建设作为一项重要政治任务”；把生态文明建设作为满足人民群众对美好生活需要的重要内容，提出我们的人民期待“更优美的环境”“热切期盼加快提高生态环境质量”。正是基于对生态文明建设重要意义的深刻理解，我们党把“生态文明建设”写入党章，并推动全国人大把生态文明建设写入宪法，成为我们党和国家最根本的思想遵循和行动指南。

习近平生态文明思想深入人心，“绿水青山就是金山银山”的理念成为全党全社会的共识和行动。在以习近平同志为核心的党中央坚强领导下，在习近平生态文明思想指引下，我国经济高质量发展稳步推进，资源能源利用效率持续提升。生态文明体制改革不断深化，生态环境质量从持续好转发展到根本好转，生态环境治理能力明显提高，我国生态文明建设取得显著成效，美丽中国建设迈出坚实步伐，人民群众获得感明显增强，为宁夏生态文明建设打开新局面。深入贯彻落实习近平生态文明思想，推动宁夏生态文明建设和生态环境保护迈上新台阶，切实把习近平生态文明思想转化为继续建设美丽新宁夏的生动实践。

（二）西部大开发和“一带一路”倡议为宁夏生态文明建设提供新平台

《关于新时代推进西部大开发形成新格局的指导意见》明确要求，推进西部大开发形成新格局，从中华民族长远利益考虑，把生态环境保护提高到重要位置，坚持走生态优先、绿色发展的新路子。在“一带一路”倡议下，中央赋予宁夏建设内陆地区唯一一个覆盖整个省级区域的开放型经济试验区。随着西部大开发和国家“一带一路”倡议的不断纵深推进，西部崛起战略进入加速提档提质阶段，将助推宁夏发挥自身优势，加快新旧动能转换，改善区域生态环境质量，推进高质量发展，为宁夏生态文明建设提供新平台。

（三）建设黄河流域生态保护和高质量发展先行区为宁夏生态文明建设注入强劲动力

2020 年 6 月，习近平总书记视察宁夏时强调，宁夏要有大局观念和责任担当，更加珍惜黄河，精心呵护黄河，努力建设黄河流域生态保护和高质量发展先行区，守好改善生态环境生命线。这是习近平总书记从全国生态文明建设大局、黄河流域生态保护和高质量发展全局出发，赋予了宁夏新的时代重任、寄予了宁夏人民殷切期望。党中央、国务院高度重视宁夏黄河流域生态保护和高质量发展先行区建设，国务院批复了《支持宁夏建设黄河流域生态保护和高质量发展先行区实施方案》，自然资源部、水利部等部委制定了相关政策措施，为宁夏带来了重大政策利好。自治区党委、政府坚持以习近平新时代中国特色社会主义思想为指导，深入学习贯彻习近平总书记视察宁夏重要讲话和重要指示批示精神，牢记领袖嘱托，切实担当起黄河流域生态保护和高质量发展先行区建设使命任务，先后出台《关于建设黄河流域生态保护和高质量发展先行区的实施意见》《关于深入打好污染防治攻坚战的实施意见》，加大资金投入，动员全区上下坚决打好污染防治攻坚战，守好改善生态环境生命线，生态文明建设日益加强。建设黄河流域生态保护和高质量发展先行区将为宁夏生态文明建设注入强劲动力，提供了千载难逢的战略机遇。

（四）全社会对加强生态环境保护的认识显著提高

从绿色价值观念看，人民群众过去是“盼温饱”“求生存”，现在是“盼环保”“求生态”，良好生态环境是最普惠的民生福祉已成为普遍共识，绿水青山就是金山银山的理念深入人心，全民植绿、增绿、护绿，加强生态保护已成为共识和行动自觉。从全区生态环境综合治理能力看，全区各级党委、政府积极开展贺兰山生态保护和环境综合整治，自治区先后制订修订了 8 部生态环境相关条例，建立“1+6”排污权交易政策制度体系。同时，河长制、生态环境保护督察、生态环境保护综合行政执法、横向生态保护补偿等体制机制红利持续释放，全区生态环境综合治理能力明显提升，为宁夏加强生态文明建设奠定了坚实的基础。

（五）绿色低碳发展更加凸显

中国式现代化是体现“绿色”“可持续发展”的现代化，是将生态文明建设融入全局发展中的现代化。党的二十大对我国实现碳达峰碳中和目标作出了既具有全局性，又具有针对性的规划与部署，我国将围绕“加快发展方式绿色转型”“深入推进环境污染治理”“提升生态系统多样性、稳定性、持续性”“积极稳妥推进碳达峰碳中和”的“四条主线”进一步布局。“十四五”时期，是我国迈向高质量发展的紧要关口，是落实碳排放达峰目标与碳中和愿景的关键时期，更是全面推动美丽新宁夏建设的重要阶段。经济加快从高速增长向高质量增长转变，绿色低碳发展趋势更加凸显。宁夏打造现代产业基地，构建现代产业体系，特别是“六新”产业会得到快速发展。能源革命深入推进，风能、太阳能等清洁能源配置能力显著提升，工业、建筑、交通等领域终端能源利用的电气化技术、电力生产中的深度脱碳技术、生物质制氢造气发电技术等会得到规模应用；以特高压直流输电、智能电网、分布式可再生能源发电、先进储能、绿氢化工、零碳建筑为主的新型低排放基础设施建设成为未来重要发展方向，宁夏高质量发展的政策红利更加凸显。

四、推进美丽新宁夏建设路径选择

党的二十大对生态文明建设提出了新要求，制定了明确的时间表、美丽中国建设路线图。宁夏承担着维护西北乃至全国生态安全的重要使命，“十四五”时期，要坚持全地域加强生态环境保护、全领域推动绿色发展，促进人与自然和谐共生的现代化，构建生态保护大格局，推进美丽新宁夏建设。

（一）深化污染防治，持续改善生态环境质量

一是加强协同治理，持续改善环境空气质量。强化多污染物协同治理。持续开展以 $PM_{2.5}$、O_3“双控”“双减”为核心的挥发性有机物和氮氧化物区域协同减排，狠抓冬春季攻坚和夏季攻坚，深化固定源、移动源和面源污染治理，持续降低 $PM_{2.5}$ 浓度，有效遏制 O_3 浓度增长趋势，基本消除重污染天气。完善大气污染联防联控机制，强化银川—石嘴山—乌海大气污染相互影响较大城市间应急联动，逐步统一区域重污染天气应急启动标准和应对措施，推动跨城市大气污染应急预警机制和队伍建设。深化大气环境信息共享机制，动态更新应急减排清单。银川都市圈要不断巩固深化重点行业大气污染物特别排放限值要

求，继续加强空气质量预测预报工作。巩固工业源全面达标排放成果。以六大高耗能行业为重点，完成重点污染治理升级改造。一企一策，构建污染源企业全生命周期数据，加大环境执法网格化监管和“双随机”力度，加大超标处罚和联合惩戒，实现达标排放闭环管理。深化面源污染管控。加强施工扬尘监管，全面推行绿色施工，规范渣土运输管理，强化料场、建筑垃圾堆场、弃土场扬尘管控。加大秸秆垃圾焚烧、餐饮油烟、露天烧烤等巡查管控力度。

二是巩固提升水环境质量。打造全域美丽河湖，统筹实施水资源扩容、水污染减排、水生态提质，完善水环境治理体系，加强集中式饮用水水源地、黑臭水体、入河排污口、城镇、工业聚集区等专项治理。开展黄河干支流入河排污口专项整治行动，加快构建覆盖所有排污口的在线监测系统，规范入河排污口设置审核。严格落实排污许可制度，沿黄所有固定排污源要依法按证排污。巩固提升城市和农村黑臭水体治理成效，全面消除城乡黑臭水体。深度治理工业水污染，沿黄工业园区全部建成污水集中处理设施并稳定达标排放，严控工业废水未经处理或未有效处理直接排入城镇污水处理系统。实施化工、医药、造纸、印染、农副产品加工等行业专项整治，推动工业废水全部达标排放。建设黄河生态廊道，打造集防洪护岸、水源涵养、生物栖息、生态农业、文化旅游等功能于一体，人、河、城和谐统一的复合型绿色生态廊道。开展重点河湖内源污染治理和生态修复，综合治理农田退水，建设生态沟道、污水净塘、人工湿地等氮、磷高效生态拦截净化设施，加强农田退水循环利用。

三是切实保障土壤环境安全。强化土壤污染源头管控，持续推进耕地周边污染源整治，开展涉重金属行业企业排查，定期开展土壤污染重点监管单位隐患排查、自行监测和监督性监测，加强重点行业企业和园区周边土壤环境监测，建立土壤污染风险监测预警机制。实行耕地土壤环境质量分类管理，推进落实安全利用类耕地和严格管控类耕地管控措施。以农用地土壤污染状况详查、第三次国土调查等数据为基础，动态调整耕地土壤环境质量类别。加大优先保护类耕地保护力度，建立优先保护类耕地保护措施清单和周边禁入产业清单，确保其面积不减少、土壤环境质量不下降。保障农产品质量安全和公众健康，重点监测工矿用地复垦为食用农产品的耕地。有效管控建设用地土壤污染风险，推进危险化学品生产企业搬迁改造腾退地块的风险管控和修复，从严管控农药、化工等行业的重度污染地块规划用途。

（二）积极稳妥推进碳达峰碳中和

实现碳达峰碳中和是一场广泛而深刻的经济社会系统性变革。立足宁夏能源资源禀赋，坚持先立后破，有计划分步骤实施碳达峰行动。

一是制定碳排放达峰实施方案。科学合理确定达峰目标，识别达峰关键因素，明确碳排放达峰的重点任务和具体项目，绘制宁夏回族自治区碳排放达峰时间表、路线图、施工图，分阶段、分层次、分领域开展碳达峰行动。探索开展宁夏碳中和研究，形成全区碳中和目标愿景、路线图及行动方案，选择典型区域开展碳中和示范区创建，为全国实现碳中和愿景提供可借鉴、可复制的宁夏样板。

二是开展全区碳达峰行动。推动全区地市碳排放总量保持稳定并争取达峰，确保全区实现二氧化碳排放稳中有降，能源清洁加快转型，可再生能源装机比重不断提升，清洁低碳、安全高效的能源体系更加成熟，形成低碳生产和生活模式。

争取银川市率先达峰。依托银川经济技术开发区、苏银产业园，做大做强光伏制造业，形成以光伏硅材料为核心，耗材、辅材和配套设备企业集聚发展的全产业链体系，加快实现经济高质量发展和生态环境高水平保护。

宁东基地与自治区同步达峰。从能耗总量控制和宁东基地煤化工发展方向等视角，加强对国能集团宁煤公司、宝丰能源、中石化长城能源、神华国能宁夏煤电鸳鸯湖发电、神华国能宁夏煤电、京能宁东电厂和马莲台发电厂等企业的碳排放管控，有规划有步骤地上马新项目，杜绝“两高”项目盲目上马，为煤化工下游行业留出发展空间。

固原市、吴忠市尽早达峰。深入推进清洁能源产业发展，合理制定清洁能源利用率目标。以产业结构调整为驱动，广泛布局新能源项目，打造红寺堡区光伏产业园、风电、光电、抽水蓄能等清洁能源发电基地。稳步提升清洁能源电量在能源消费中的占比，建立健全清洁能源外地消纳体制机制，着力做好新能源并网服务，积极推动形成规模化清洁能源外送能力。

中卫市、石嘴山市不晚于自治区达峰。积极总结石嘴山高新技术产业开发区国家低碳工业园区试点经验，以平罗县首朗吉元冶金工业尾气生物发酵法制燃料乙醇综合利用项目为试点，打造区域工业废气综合利用产业集群。进一步扩大“电能替代”成效，建设中宁县、平罗县前进农场等热电联产集中供热项目。围绕风能、光能等新能源产业，高标准建设中宁光伏基地和贺兰山、香山平价风电基地。因地制宜推动城市低碳发展，石嘴山市以资源枯竭型城市转型为目标，建设创新型山水园林工业城市，进一步巩固山水林田湖草生态保护修复等试点成效。中卫市依托区位优势和特色旅游资源优势，加快建设区域物流中心和全域旅游示范城市。

三是深化银川市、吴忠市国家低碳城市试点建设。创新思维及模式，鼓励银川市、吴忠市提前达峰，加快形成绿色低碳转型的发展模式和倒逼机制，协同推动经济高质量发展和生态环境高水平保护，做好银川、吴忠低碳发展特色和亮点、经验总结工作，进一步将低碳城市建设成功经验推广至全区，逐步扩大影响力，为全区低碳城市建设提供样板。

四是推动近零碳排放示范工程与碳中和试点示范建设。开展近零碳排放示范工程，研究制定技术路线图和实施方案，选择若干个有代表性的城镇、行业、园区和企事业单位，按照“减源增汇”建设路径，开展近零碳排放区示范工程建设。开展碳中和先行示范区建设，重点在基础条件较好、有创建意愿的区县、园区、企业等，开展碳达峰和碳中和先行示范区建设。实施碳捕集、利用和封存（CCUS）示范工程，制定全区开展碳捕集、利用和封存中长期规划，组织建立碳捕集、利用和封存重点示范项目清单和项目库，推进全区重点行业开展CCUS示范工程的可行性和潜力研究。加快研发引进并示范推广煤化工等重点排放行业二氧化碳减排和利用技术，实施二氧化碳捕集、驱油、封存一体化示范工程，持续探索二氧化碳资源化利用途径、技术和方法。

（三）推动产业绿色低碳转型升级

紧跟产业变革趋势、立足自身特色优势，对接国际国内市场，稳定扩展产业链、供应链、价值链，着力做强做大“六新六特六优”产业，优化产业结构和布局，推动产业向高端化、绿色化、智能化、融合化方向发展。

一是再造宁夏工业新优势。加快新型材料、清洁能源、装备制造、数字信息、现代化工、轻工纺织“六新”产业发展，再造宁夏工业新优势。大力发展碳基、晶硅、金属等新型材料产业，做强做大银川市光伏和电子信息材料、石嘴山市稀有金属、宁东基地化工新材料和高性能纤维材料三大产业集群。推进钽铌铍钛稀有金属、铝镁合金、特殊合金等精深加工，延链发展高分子材料、碳基材料等前沿新材料，打造全国重要的新材料生产基地；大力发展风电、光伏、氢能等清洁能源产业，开展大容量、高效率储能工程建设，推动新能源及储能产业联合发展，推动绿能开发、绿氢生产、绿色发展，加速推动能源产业绿色转型；大力发展先进机械、智能铸造、仪器仪表等装备制造产业，打造工业机器人、3D打印等智能制造高端产品，提升装备制造产业价值链，打造行业领跑者、标准制定者;大力发展电子信息制造、大数据、软件和信息技术等数字信息产业，着力建设信息产业高地；大力发展煤化工、石油化工、电石深加工等现代化工产业，推动化工产业向精细化方向发展；大力发展食品制造、生物医药、现代纺织等轻工纺织产业，在增品种、提品质、创品牌上实现新突破。加快制造业低效产能退出，制定自治区高耗低效产能退出方案，加大政策资金引导，坚决依法依规淘汰落后产能，重点化解退出铁合金、水泥、电石、碳素、活性炭等高耗能产品低效产能。严格执行钢铁、水泥、电解铝、铁合金等产能等量置换政策，坚决遏制“两高”项目盲目发展。

二是让宁夏更多的农产品走向市场。坚持以龙头企业为依托、以产业园区为支撑、以特色发展为目标，大力发展葡萄酒、枸杞、牛奶、肉牛、滩羊、冷凉蔬菜“六特”产业，构建现代农业产业体系、生产体系、经营体系，形成集研发、种养、加工、营销、文化、生态为一体的现代农业全产业链，打造世界葡萄酒之都，把“枸杞之乡”“滩羊之乡”“高端奶之乡”的品牌擦得更亮，建设全国重要的绿色食品生产基地，让宁夏更多的农产品走向市场。

三是深入实施现代服务业扩容计划。大力发展文化旅游、现代物流、现代金融、健康养老、电子商务、会展博览“六优”产业，高水平打造国家全域旅游示范区，建设区域物流枢纽、医养康养胜地，推动跨境电商综合试验区创新发展，促进金融更好服务实体经济发展，推动生产性服务业增容扩量、生活性服务业提质升级、新兴服务业发展壮大。

（四）推进山水林田湖草沙系统治理，筑牢生态安全屏障

宁夏是全国重要生态节点、重要生态屏障和重要生态通道，调节水汽交换、改善着西北局部气候，阻挡沙尘东进，维护着全国生态安全。立足宁夏生态地位和重大生态责任，以生态问题治理和生态功能恢复为导向，探索源头保护、系统治理、全局治理新途径，统筹构建山水林田湖草沙一体化生态保护修复新格局，努力建设黄河流域生态保护和高质量发展先行区。

一是继续提高水土流失综合治理能力。以南部黄土丘陵沟壑区为重点，推广彭阳小流域综合治理和隆德渝河治理经验，以重点支流为骨架，以小流域为单元，继续加大水土流失综合治理力度，着眼增强六盘山天然水塔、生态绿岛功能。加强塬面保护与沟头治理，修建水利水保工程调节地表径流，加强淤地坝建设，推进库坝窖池联合高效利用，加快推进 15 度以下坡耕地全面梯田化，突出清水河支流大红沟、苋麻河、双井子沟、西河、折死沟等多沙河流治理，建立健全梁峁、坡面到沟道的水土保持综合防护体系。

二是扎实推进"一河三山"生态保护修复治理。全面落实国家发展改革委《支持宁夏建设黄河流域生态保护和高质量发展先行区实施方案》，抓住"双碳"目标机遇，按照自治区第十三次党代会提出的"五个区"战略定位和"一带三区"总体布局，在推进黄河大保护上先行先试、作出示范，大力探索以绿能开发、绿氢生产、绿色发展为主的能源转型发展新路，加快建设国家新能源综合示范区，奋力书写绿水青山转化为金山银山的宁夏答卷。

加快编制"三山"生态保护修复等专业规划。对现有自然保护区、森林公园、风景名胜区等各类自然公园开展评价，逐步形成以国家公园为主体、自然保护区为基础、各类自然公园为补充的自然保护地分类系统。加强贺兰山生态保护修复，全面开展历史遗留废弃矿坑治理和行洪沟道整治，依法逐步退出贺兰山内井工煤矿，构建"一屏两带两域"保护修复建设格局，深化贺兰山东麓山水林田湖草生态保护修复等试点成效，总结推广典型经验做法。加强六盘山生态保护修复，继续实施封山育林，建设以国家公园为主体的自然保护地体系，构建"一屏四区五流域"保护治理修复建设格局。加强罗山生态保护修复，加快培育天然林、补植补造未成林、营造灌草结合的水土保持林，构建"一核两廊两区"保护治理修复建设格局，打造中部干旱带"绿屏"。

三是深入推进防沙治沙示范。持续推进毛乌素沙地、腾格里沙漠治理。以宁夏防沙治沙示范省（区）和盐池县、沙坡头区、灵武市 3 个全国防沙治沙示范区为重点，持续推广"五带一体""六位一体"等防风固沙技术，大力开展植被恢复和防沙治沙工作。依托三北防护林、退耕还林还草、天然林保护等国家重点生态林业工程，建设中部防风固沙林体系。推进生态惠农惠民，鼓励引导村民在自家庭院房前屋后空地种植经果林，实施村庄绿化和庭院经济林建设，促进乡村旅游、康养等产业发展。大力推广使用防沙治沙先进技术，在保护好生态的基础上开展光伏治沙试点，科学发展沙产业。

（五）加强生物多样性保护

一是严格落实自治区《关于进一步加强生物多样性保护的实施意见》，持续优化生物多样性保护空间格局，落实就地保护体系，将生态功能极重要区域、生态极敏感脆弱区域划入生态保护红线实行严格保护。

二是建设黄河绿色生态廊道，加强珍稀濒危野生动植物及其栖息地、迁徙通道保护修复，实施生物多样性保护重大工程。完善打击野生动植物非法贸易制度机制，严格落实草原禁牧、休牧和黄河禁渔期制度。

三是加强生物多样性调查监测，开展贺兰山、六盘山等地生物多样性保护优先区域和黄河（宁夏段）重点生态区等重点区域生态系统、重点生物物种及重要生物遗传资源的调查，加快生物多样性保护与监测信息云平台建设，以大数据、云计算、移动互联等新技术为依托，结合现地调查、卫星遥感和无人机航空遥感技术应用，实现对全区重要生态系统的生态环境、野生动植物及林草资源动态监测、预警，确保重要生态系统、生物物种和生物遗传资源得到有效保护。